Íon
(Sobre a inspiração poética)

Hípias Menor
(Sobre a mentira)

30.09.07

SÉRIE **L&PM** POCKET **PLUS**

24 horas na vida de uma mulher – Stefan Zweig
As melhores histórias de Sherlock Holmes – Arthur Conan Doyle
Cartas a um jovem poeta – Rainer Maria Rilke
Cartas portuguesas – Mariana Alcoforado
Continhos galantes – Dalton Trevisan
Esboço para uma teoria das emoções – Jean-Paul Sartre
Juventude – Joseph Conrad
Liberdade, liberdade – Millôr Fernandes e Flávio Rangel
Mulher no escuro – Dashiell Hammett
No que acredito – Bertrand Russell
O casamento do céu e do inferno – William Blake
O diamante do tamanho do Ritz – F. Scott Fitzgerald
O gato por dentro – William S. Burroughs
O teatro do bem e do mal – Eduardo Galeano
O terceiro homem – Graham Greene
Poemas escolhidos – Emily Dickinson
Sobre a brevidade da vida – Sêneca
Sobre a inspiração poética (Íon) & Sobre a mentira (Hípias Menor) – Platão
Sonetos para amar o amor – Luís Vaz de Camões
Trabalhos de amor perdidos – William Shakespeare
Tristessa – Jack Kerouac
Uma temporada no inferno – Arthur Rimbaud
Vathek – William Beckford

Platão

Íon
(Sobre a inspiração poética)

Hípias Menor
(Sobre a mentira)

Introdução, tradução do grego e notas de André Malta

www.lpm.com.br

L&PM POCKET

Coleção **L&PM** Pocket, vol. 620

Título original: ΙΩΝ *e* ΙΠΠΙΑΣ ΕΛΑΤΤΩΝ

Introdução, tradução do grego e notas: André Malta
Capa: Projeto gráfico de Néktar Design
Ilustração da capa: Mosaico romano da Academia de Platão.
© Araldo de Luca/CORBIS
Revisão: Renato Deitos e Jó Saldanha

CIP-BRASIL. CATALOGAÇÃO-NA-FONTE
SINDICATO NACIONAL DOS EDITORES DE LIVROS, RJ.

P777s

Platão, 427-347 a.C.
Sobre a inspiração poética (Íon); Sobre a mentira (Hípias Menor) / Platão ; introdução, tradução do grego e notas de André Malta. – Porto Alegre, RS: L&PM, 2007.
96p. – (L&PM Pocket)

Tradução do original grego
ISBN 978-85-254-1455-7

1. Sócrates. 2. Filosofia antiga. I. Malta, André. II. Título. III. Título: Sobre a inspiração poética (Íon). IV. Título: Sobre a mentira (Hípias Menor). V. Série.

07-0511. CDD: 184
CDU: 1(38)

Porto Alegre: Rua Comendador Coruja 314, loja 9 - 90220-180
Floresta - RS / Fone: 51.3225.5777
Pedidos & Depto. comercial: vendas@lpm.com.br
Fale conosco: info@lpm.com.br
www.lpm.com.br

Impresso no Brasil
Outono de 2007

Platão

(427 a.C.-347 a.C.)

Platão nasceu em Atenas por volta de 427 a. C., numa família aristocrática. Aos vinte anos, tornou-se discípulo de Sócrates (469-399 a. C.), sábio que vagava pela cidade incitando os jovens à reflexão. Depois da morte do mestre (executado por impiedade), viajou por cerca de doze anos, retornando a Atenas em 386, quando fundou sua escola, a Academia, à qual se dedicou até morrer, em 347, e onde formou, entre outros alunos, Aristóteles. Compôs mais de duas dezenas de diálogos, entre os quais se destacam *Protágoras*, *Górgias*, *Crátilo*, *Banquete*, *Fedro* e *República*. Escreveu também um monólogo, *Apologia de Sócrates*, que, junto com *Críton* e *Fédon*, apresenta o julgamento e os últimos instantes da vida do mestre. Sua obra é marcada pela contínua tentativa de definir idéias essenciais, como coragem, beleza e justiça, e pelo ataque sem trégua aos sofistas, professores itinerantes que, mediante gorda remuneração, ensinavam todo tipo de arte – principalmente a da persuasão (a Retórica), que se associava a um relativismo moral e era arma importante para o sucesso político na Grécia dos séculos V e IV a. C.

Sumário

Introdução

Íon e *Hípias Menor* figuram tradicionalmente entre os trabalhos do "período da juventude" de Platão (427-347 a.C.). Da vasta produção do filósofo ateniense – que chega a quase trinta diálogos –, estão entre os mais breves e divertidos, destacando-se pela caracterização vívida e a linguagem descontraída e risonha, além de uma ironia bastante acentuada, traços que tornam sua leitura agradável e possibilitam ao iniciante um primeiro contato com o universo platônico – aqui ainda distante da formulação mais densa da chamada "teoria das idéias", exposta e desdobrada só em obras posteriores.

Nestes dois diálogos, e em quase todos, Sócrates é a figura principal, responsável por conduzir a conversa com o interlocutor, que como de praxe empresta seu nome ao título da obra. Nascido em 469 a. C., esse ateniense teve atuação destacada no cenário helênico da segunda metade do século V a. C., trazendo para o centro da discussão filosófica, em suas reflexões, não mais o universo e a natureza, mas o homem e sua capacidade de conhecimento. Partindo do princípio de que a consciência da própria ignorância era sua maior sabedoria, e de que os ditos sábios apenas expunham opiniões oportunas, sem cuidar da verdade, Sócrates afirmava atuar como simples "parteiro", auxiliando os que o ouviam na busca do conhecimento que já tinham em si mesmos. Acabou preso e condenado à morte por envenenamento, em 399 a.C., sob a acusação de não cultuar os deuses regulares da pólis e corromper os jovens. Não deixou obra escrita; de sua vida e convicções nos dão o mais completo testemunho as obras de seu principal discípulo, embora não seja possível determinar o que é propriamente socrático e o que é platônico nos diálogos – afirmação que se aplica também ao *Íon* e ao *Hípias Menor*.

O *Íon*, composto provavelmente entre 398 e 391 a.C., nos apresenta o rapsodo de mesmo nome, cantor profissional que andava de cidade em cidade declamando longos poemas, sobretudo os épicos de Homero (VIII a.C.), a *Ilíada* e a *Odisséia*. Essas declamações remuneradas, que nos séculos V e IV a.C. podiam ter caráter oficial, sendo promovidas dentro de festividades político-religiosas (em Atenas e outras cidades gregas), eram cercadas de pompa, e o rapsodo, identificando-se ao ator pelos recursos dramáticos – principalmente porque incorporava as personagens da narrativa –, magnetizava multidões.

O diálogo nos mostra, no entanto, que ele não se limitava a declamar e encenar, do alto de um estrado, com coroa e roupa vistosa, os poemas homéricos. Ele praticava também (essa sua "maior tarefa", como lemos) uma espécie de interpretação ou crítica poética, explicando, para os ouvintes, o sentido das palavras do poeta – e tudo indica que esses comentários ocorriam preferencialmente em sessões privadas e voltavam-se para a leitura alegórica e moralizante. De todo modo, é importante compreender o papel dessa explicação e o status de quem a realizava numa cultura em que Homero ocupava posição central, de guia enciclopédico popular. Nessa sociedade grega ainda fortemente oral – e que portanto tinha na voz, e seu desempenho ao vivo, o meio máximo de comunicação e informação –, era o canto que assumia a função de fornecer parâmetros, costumes e procedimentos (inclusive técnicos) para a coletividade.

É precisamente nessa importante ação interpretativa de Íon que se concentra Sócrates no início da conversa, depois de encontrar o rapsodo pelas ruas de Atenas: por que ele afirma ser capaz de falar sobre Homero, mas diz não prestar atenção e cochilar quando se trata de falar sobre os demais poetas, que lhe são sabidamente inferiores? Se o que ele pratica é uma arte, não é necessário que domine o conjunto dessa arte, isto é, tanto o que nela há de excepcional quanto o que há de medíocre? Íon não deveria então saber fazer comentários também sobre Hesíodo, outro poeta épico, que trata dos mesmos temas que Homero, mas não do mesmo modo?

A conclusão é que Íon não possui essa capacidade ampla porque não fala por arte nem por conhecimento, mas por uma inspiração divina, que o deixa fora de si e junto aos fatos que narra, enlouquecido como bacante. A teoria da inspiração é a parte mais interessante do diálogo, com seu recurso à imagem – expediente aliás recorrente na exposição socrático-platônica, ao lado do mito. Por essa teoria, estabelece-se um paralelo entre a pedra magnética e os sucessivos elos de ferro que articula e a Musa (divindade do canto e da poesia) e os sucessivos inspirados que igualmente encadeia – primeiro o poeta (Homero, Hesíodo etc.), depois o rapsodo e finalmente a platéia. São portanto o "entusiasmo" e a falta de conhecimento técnico que determinam a atuação restrita de Íon, de louvador ou comentador *exclusivamente* de Homero (a cuja cadeia imantada se prende) – e também a costumeira dedicação dos poetas a um único gênero ou tipo de composição (e não a todos), ou mesmo a produção isolada de um belíssimo poema por parte de um autor banal. Trata-se de uma visão do lavor poético que sublinha o estado de possessão, delírio e passividade, e que é assim diversa daquela fornecida por Homero, em que o cantor, embora porta-voz da Musa onividente e onisciente, tem consciência técnica do seu ofício.

Exposta a teoria, Sócrates, não satisfeito, na última parte do diálogo vai retomar a discussão a respeito da interpretação poética e mostrar como não cabe ao rapsodo julgar as artes presentes nos épicos (a do cocheiro, a do médico, a do pescador, a do adivinho...), porque sobre elas o especialista falaria melhor que qualquer outro não-especialista. Para cada uma dessas atividades, Sócrates rememora um passo da *Ilíada* ou da *Odisséia*, para que Íon admita que não cabe ao rapsodo decidir se estão ou não corretamente retratadas. Dessa forma, pela exemplificação estritamente técnica, o amplo conhecimento rapsódico (e poético em geral) é invalidado – como acontecerá depois na *República*, com a expulsão do poeta da pólis ideal –, embora a conclusão de que algo *mais belo* pertence a Íon – ser divino – estabeleça no desfecho um paradoxo que reativa outras contradições latentes no diálogo, como o fato de Sócrates caracterizar como irracional o rapsodo que tem *pleno domínio* sobre as emoções da platéia (para ficarmos num só exemplo). Ao final, não deixa de ser suspeita a figura do filósofo no diálogo, pois reclama uma demonstração do método de Íon sem jamais lhe ceder espaço para tal.

O *Hípias Menor*, escrito no mesmo início do século IV a.C., vai pôr em prática exatamente isso que o *Íon* constantemente menciona, mas não exemplifica: a crítica literária. A personagem histórica Hípias, da segunda metade do século V a. C. e presente em outra obra platônica, o *Hípias Maior* (assim chamada por ser mais extensa e complexa), representa o típico sábio da época – o chamado "sofista" –, versado nas mais diversas áreas do conhecimento (matemática, física, gramática, música, artes manuais) e detentor de um extraordinário poder de comunicação; essas habilidades lhe permitiam, em suas andanças, cobrar alto pelos seus ensinamentos – sobretudo da arte que era mais útil aos cidadãos da Atenas democrática, a Retórica, que visava a contradição, persuasão e vitória de determinado ponto de vista, em âmbito pessoal, político ou jurídico. Além dessas atividades, Hípias, assim como outros renomados e ricos sábios da Grécia Clássica, devia ainda realizar com freqüência a interpretação da poesia antiga (épica e lírica), que tinha lugar de destaque nas conferências sofísticas.

No diálogo, que se inicia logo após sua apresentação nas Olimpíadas (quando discursara sobre o caráter dos principais heróis homéricos), ele é levado justamente a esclarecer para Sócrates a distinção que fizera entre Odisseu e Aquiles, este considerado o melhor e aquele o mais multiforme dos guerreiros que partiram para Tróia. O que quis dizer Hípias com "multiforme"; Aquiles não é multiforme?, pergunta Sócrates. Citando um passo importante do canto 9 da *Ilíada*, o sofista vai esclarecer que Aquiles nos é apresentado como simples e verdadeiro por Homero, enquanto Odisseu, inversamente, como mentiroso. Esclarecido o sentido em que foi empregado multiforme (como sinônimo de mentiroso), Sócrates pergunta a Hípias se o verdadeiro e o mentiroso podem ser a mesma pessoa, a que Hípias responde negativamente: eles são opostos, tal qual Aquiles se opõe a Odisseu.

A partir daí, Sócrates vai contra o senso comum e demonstra que mentir – em todas as áreas (cálculo, geometria, astronomia...) – implica ter capacidade e sabedoria, e por conseqüência implica saber a verdade: dessa forma, o mesmo que diz a verdade é o que mente, e portanto não há diferença entre aqueles heróis. Na seqüência, comentando outros trechos da *Ilíada*, Sócrates argumenta que, se Aquiles e Odisseu dizem mentiras, mas o primeiro *involuntariamente* e o segundo *voluntariamente* (como defende Hípias), é na realidade Odisseu o herói superior – porque é o sábio, e não o ignorante, que mente voluntariamente. Também praticar, com o corpo, o que é sofrível ou vergonhoso voluntariamente (correr mal, desafinar, coxear) é melhor do que fazê-lo involuntariamente. Aplicado o raciocínio técnico ao campo moral e à alma, chega-se à conclusão absurda de que quem pratica voluntariamente a injustiça é o homem sábio e capaz.

Pelo que foi dito, percebemos que, além do contexto literário, da estrutura indutiva (em que se caminha do particular para o geral) e da conclusão insatisfatória, há muitos outros pontos de contato entre um diálogo e outro, que favorecem sua leitura em conjunto. O rapsodo Íon, por exemplo, surge claramente identificado com a figura do sofista, menos presunçoso, é verdade, mas se julgando também dono de vasta habilidade e conhecimento, que expõe igualmente por meio de uma conferência ou "demonstração" (pública ou privada). Hípias, por sua vez, se iguala ao rapsodo pela exegese homérica e autoridade moral, pela larga obtenção de proveitos e pela enorme admiração que suscita – sem falar de sua incrível capacidade de memorização. Do ponto de vista temático, a noção de força, potência ou capacidade (*dúnamis*) estabelece um elo importante entre os textos: se no primeiro, sendo divina, ajuda a desvalorizar o poeta (sempre incapaz) e sua pretensa sabedoria, assumindo um aspecto negativo, no segundo ela fundamenta o conhecimento humano e a possibilidade de dizer mentiras e verdades, sendo tomada então pelo lado positivo.

Como de hábito, Sócrates refuta as posições dos interlocutores pelo método dialético, o que significa dizer que procura minar, através da conversa interrogativa e exaustiva, em que aponta contradições, o edifício aparentemente sólido erigido em mera opinião, o que resulta em perplexidade e aporia. O dono do saber começa a andar em terreno movediço, e sobressai a sabedoria de Sócrates, que vive reafirmando sua ignorância ("Que maior prova de ignorância do que divergir de homens sábios"?). Essa ironia, presente sobretudo no *Hípias Menor* (de onde vem a citação), é resultado de um recorrente jogo de inversões, como a que Sócrates opera entre Aquiles e Odisseu: o verdadeiro vira mentiroso, e o mentiroso, sábio. Em que medida esse jogo promove, como no caso dos heróis homéricos, a distinção, e também a identificação, entre os oponentes Hípias e Sócrates, Sócrates e Íon? As contradições aqui não deixam de ser esclarecedoras e de estimular, no leitor, novas investigações sobre a aparência e a verdade.

A presente tradução buscou preservar em português o tom coloquial, de conversa, que é característico dos diálogos platônicos, sem descuidar da transposição precisa dos principais conceitos filosóficos. O uso dos pronomes de segunda pessoa você/vocês, em vez dos tradicionais tu/vós, é o traço mais notável, mas não o mais importante, do esforço de impor um falar mais solto ao texto em português. Outros recursos foram o emprego de interjeições e expletivos, de sinais de pontuação mais ricos e de caracteres itálicos, sempre com o fim de garantir em português parte da expressividade que encontramos no original. A ordem sintática direta também é norma importante, embora em alguns momentos a indireta tenha parecido preferível, para preservar certo realce da construção grega. O período espraiado, marca do melhor estilo retórico (que é o de Sócrates, inclusive), conservou-se intacto na transposição, apesar da tentação de cindi-lo em partes, em nome da clareza e da fluência.

Quanto aos termos filosóficos, optamos por manter – ainda que, como dissemos no início, esses não sejam diálogos cerrados, do ponto de vista conceitual – uma mesma tradução para aqueles que são fundamentais na obra platônica: arte (*tékhne*), conhecimento (*epistéme*), pensamento (*diánoia*), sabedoria (*sophía*), demonstração (*epídeixis*), bom/belo (*agathós*, *kalós*), o já citado capacidade (*dúnamis*), verdade (*alétheia*) etc. Também em várias ocasiões mantivemos, quando pertinente, a repetição de certas expressões e a insistência em certas idéias, por marcarem uma retomada significativa ou a intenção clara de sublinhar o que foi dito. O procedimento foi aplicado não só no interior de cada diálogo, mas também de um diálogo para o outro, para ressaltar contrastes e identidades. O resultado pode soar às vezes um pouco incômodo para os padrões de hoje, mas talvez tenha o mérito de restabelecer a metódica prática socrática, muitas vezes exasperadora, de repisar sem pausa cada ponto discutido.

Finalmente, as notas de pé de página procuram fornecer basicamente três tipos de informação, sobretudo ao leitor não-especializado: histórico-geográficas (nomes de personagens políticas e de cidades); culturais (nomes de personagens míticas e literárias, de festividades e tipos de poesia; passos citados da *Ilíada* e da *Odisséia*); e lingüísticas (jogos de palavras, alguns recriados, e usos específicos da língua grega). Os números em negrito, postos entre parênteses ao longo do texto, seguem a paginação universal, habitualmente indicada nas edições dos textos antigos em prosa, com o único fim de auxiliar o leitor interessado na localização e citação dos passos.

Íon
(Sobre a inspiração poética)

Sócrates e o rapsodo Íon encontram-se pelas ruas de Atenas[1]

Sócrates

(530) Salve, Íon! Você chega agora à nossa cidade vindo de onde? De sua casa, em Éfeso?[2]

Íon

De jeito nenhum, Sócrates, mas de Epidauro, das Asclepiéias![3]

Sócrates

Ora essa, os epidauros também promovem para o deus um *concurso de rapsodos*?

Íon

Com certeza, e do resto da arte das Musas!

---

1. Não temos nenhuma outra notícia a respeito desse rapsodo, se é que foi uma personagem histórica.

2. Éfeso foi uma das principais cidades da Jônia (ou Iônia), região na costa da Ásia Menor (atual Turquia) em que floresceu a épica grega. Esteve sob domínio persa e depois integrou a chamada Liga de Delos – liderada por Atenas –, até fins do século V a. C. Não por acaso, o nome da personagem que dá título ao diálogo remete ao herói epônimo dos jônios (ou iônios).

3. Epidauro era uma pequena cidade na Argólida, no nordeste da península do Peloponeso. Afamada pelo culto a Asclépio, deus da cura, filho de Apolo, promovia regularmente as Asclepiéias, festividades que incluíam disputas atléticas e musicais.

Sócrates
Mas nos diga: você estava concorrendo? Como você se saiu nos concursos?

Íon
Levamos os primeiros prêmios, Sócrates!

Sócrates
Você fala bem! Vamos ver se venceremos também as Panatenéias...[4]

Íon
Mas assim será, se o deus quiser!

Sócrates
Na realidade, Íon, muitas vezes eu invejei a vocês, rapsodos, por sua arte.[5] Pois o fato de convir à arte de vocês ter o corpo sempre adornado e se mostrar o mais belo possível, e de ser forçoso se dedicar a vários bons poetas, especialmente a Homero, o melhor e mais divino dos poetas, e compreender a fundo o pensamento dele – não só os versos – é invejável! Porque um rapsodo jamais seria bom se não entendesse o que é dito pelo poeta: é preciso que o rapsodo seja, para os ouvintes, o intérprete do pensamento do poeta. E é impossível fazer belamente isso sem saber

---

4. As Panatenéias eram celebradas todos os anos pelos atenienses em honra à deusa padroeira da cidade, Palas Atena. A cada quatro anos havia uma versão incrementada e mais solene do evento, as chamadas Grandes Panatenéias.

5. "Arte" (*tékhne*), aqui e nos outros passos, pode significar "técnica", "habilidade" ou "profissão".

aquilo que o poeta diz.[6] Tudo isso, portanto, é digno de inveja!

Íon
Você está dizendo a verdade, Sócrates. Para mim, pelo menos, essa se apresentou como a maior tarefa da arte, e acho que sou dentre os homens quem fala de modo mais belo sobre Homero, porque nem Metrodoro de Lâmpsaco, nem Estesímbroto de Tasos, nem Glauco,[7] nem nenhum outro dos que até hoje existiram foi capaz de falar assim muitos e belos pensamentos a respeito de Homero como eu.

Sócrates
Você fala bem, Íon. É claro que você não vai se recusar a demonstrar isso para mim...

Íon
Na realidade, Sócrates, você merece ouvir como tenho adornado bem Homero, de tal maneira que acho que mereço ser coroado com uma coroa de ouro pelos Homéridas.[8]

---

6. Nessa fala de Sócrates, "o poeta" se refere especificamente a Homero, assim chamado pelos gregos.

7. Todos os três eram sábios que provavelmente praticavam a interpretação alegórica de Homero, que descobria analogias simbólicas e estava em voga desde pelo menos o século VI a. C.

8. Os Homéridas eram um grupo de recitadores dos poemas homéricos que habitavam a ilha de Quios – suposta terra natal do poeta – e que se diziam seus descendentes diretos. O termo, entretanto, parece ter ganhado também o sentido mais geral de "amantes da poesia de Homero".

Sócrates

Na realidade, eu mesmo ainda farei uma pausa para (531) ouvi-lo. Mas agora me responda apenas o seguinte: você é hábil só em Homero, ou também em Hesíodo e Arquíloco?[9]

Íon

De jeito nenhum, só em Homero! Pois me parece ser o bastante.

Sócrates

Há coisas sobre as quais ambos, Homero e Hesíodo, falam o mesmo?

Íon

Acho que sim, e muitas!

Sócrates

Mas a respeito dessas coisas, você comentaria de modo mais belo aquelas que Homero fala, ou aquelas que Hesíodo?

Íon

Do mesmo modo, Sócrates! Pelo menos a respeito dessas coisas sobre as quais falam o mesmo.

Sócrates

Mas e sobre as quais não falam o mesmo? Por exemplo: tanto Homero quanto Hesíodo falam sobre a adivinhação.

---

9. Arquíloco foi um poeta do século VII a. C., célebre pelos versos jâmbicos, voltados à obscenidade, à zombaria, à paródia e ao ataque pessoal. Hesíodo é um poeta épico quase da mesma época, a quem se atribuem dois poemas, *Teogonia* e *Os trabalhos e os dias*.

Íon
Com certeza.

Sócrates
Mas o quanto do mesmo modo e o quanto de modo diferente esses dois poetas falam sobre a adivinhação – quem comentaria de modo mais belo, você ou um dos adivinhos dos bons?

Íon
Dos adivinhos.

Sócrates
E se você fosse adivinho, se você fosse capaz de comentar sobre as coisas ditas do mesmo modo, você também não saberia comentar sobre as ditas de modo diferente?

Íon
É claro!

Sócrates
Mas por que então você é hábil em Homero, mas em Hesíodo não, nem nos outros poetas? Ou Homero fala de coisas *diferentes* daquelas de que todos os outros poetas juntos falam? Não discorre muitas vezes sobre a guerra e sobre as relações dos homens entre si, dos bons e dos maus, dos simples e dos especializados, e sobre como os deuses se relacionam (ao se relacionarem entre si e com os homens), e sobre os acontecimentos celestes e no Hades, e as gerações de deuses e heróis? Não são essas as coisas sobre as quais Homero fez sua poesia?

Íon
Você está dizendo a verdade, Sócrates.

Sócrates
Mas e os outros poetas? Não fizeram sua poesia sobre essas mesmas coisas?

Íon
Sim, Sócrates, mas não do mesmo modo que Homero...

Sócrates
Como assim? Pior?

Íon
Muito pior!

Sócrates
E Homero melhor?

Íon
Melhor mesmo, por Zeus!

Sócrates
Ora, Íon, querida cabeça! Quando muitos falam sobre números e um só fala melhor, não se saberá certamente quem fala bem?

Íon
Concordo.

Sócrates
E será essa mesma pessoa que vai saber também quem fala mal, ou uma outra?

Íon
A mesma, certamente.

Sócrates
Ora, essa pessoa não é a que possui a arte dos números?

Íon
Sim.

Sócrates
Mas e quando muitos falam sobre quais são os alimentos saudáveis, e um só fala melhor, uma pessoa vai saber quem fala melhor (porque sua fala é a melhor), e uma outra, quem fala pior (porque a sua é pior), ou a mesma?

Íon
É claro que certamente a mesma!

Sócrates
Quem é esse? Qual o nome dele?

Íon
Médico.

Sócrates
Devemos então dizer, resumindo, que uma mesma pessoa vai saber sempre, quando muitos falam sobre as mesmas coisas, **(532)** tanto quem fala bem quanto quem fala mal; ou que, se não vai saber quem fala mal, é claro que não vai saber também quem fala bem – pelo menos a respeito do mesmo.

Íon
É assim.

Sócrates
Ora, então uma mesma pessoa não se torna hábil nas duas coisas?

Íon
Sim.

Sócrates
Ora, você não está dizendo que tanto Homero quanto os demais poetas, entre os quais estão Hesíodo e Arquíloco, falam sobre as mesmas coisas, porém não do mesmo modo – mas que um bem, e os outros de modo inferior?

Íon
E estou dizendo a verdade.

Sócrates
Ora, se você sabe quem fala bem, você também vai poder saber quem fala de modo inferior, porque fala de modo inferior...

Íon
É de se esperar.

Sócrates
Ora, excelente homem, não erraremos então em dizer que Íon é do mesmo modo hábil tanto em Homero quanto nos demais poetas, já que você mesmo reconhece que a mesma pessoa há de ser juiz bastante de todos quantos falem sobre as mesmas coisas, e os poetas quase todos poetam sobre as mesmas coisas!

Íon
Por que razão então, Sócrates, quando se dialoga sobre um outro poeta, eu não presto atenção, sou incapaz de acrescentar algo digno de consideração e simplesmente

cochilo,[10] mas quando Homero é lembrado, fico logo acordado, presto atenção e me saio bem no que falo?

SÓCRATES

Isso não é difícil de imaginar, amigo, mas está claro a todos que você é incapaz de falar de Homero por arte e conhecimento, porque, se você pudesse falar por arte, você também poderia falar a respeito de todos os demais poetas. Pois existe, eu presumo, uma arte poética que é um conjunto; ou não?

ÍON

Sim.

SÓCRATES

Ora, quando se toma também outra arte qualquer que é um conjunto, não vale, *a respeito de todas as artes*, a mesma observação? Como afirmo isso – você quer ouvir de mim, Íon?

ÍON

Sim, por Zeus, Sócrates, eu quero! Me alegro em ouvir a vocês, os sábios.

SÓCRATES

Eu gostaria que você estivesse dizendo a verdade, Íon! Mas sábios, eu presumo, são certamente vocês, rapsodos e atores, e aqueles cujos poemas vocês cantam; eu não digo nada além de verdades – como é natural num

---

10. Há aqui um jogo de palavras intraduzível, porque "simplesmente" em grego se diz *atekhnôs*, termo que se liga à idéia de "ausência de arte".

homem simples. Pois mesmo a respeito disso que eu há pouco perguntava a você, veja como é banal, simples e ao alcance de todo homem saber aquilo que eu dizia – que, quando se toma uma arte que é um conjunto, vale a mesma observação. Partamos deste discurso:[11] existe uma arte pictórica que é um conjunto?

Íon
Sim.

Sócrates
Ora, também muitos pintores não existiram e ainda existem, bons e banais?

Íon
Com certeza.

Sócrates
Mas você já viu alguém que é hábil em mostrar, a respeito de Polignoto, filho de Aglaofonte,[12] o que pinta bem e o que não, mas que **(533)** é incapaz a respeito dos demais pintores? E que, quando alguém faz uma demonstração sobre as obras dos outros pintores, cochila, não se sai bem e não tem o que acrescentar, mas que, quando é preciso expor sua opinião a respeito de Polignoto ou de outro pintor qualquer que você queira – de um só –, fica acordado, presta atenção e se sai bem no que diz?

---

11. "Discurso" (*lógos*), aqui e em todas as outras ocorrências, neste e no outro diálogo, tem também o sentido de "argumento" ou "raciocínio".

12. Polignoto foi um dos mais famosos pintores gregos, tendo atuado na metade do século V a. C., em Atenas.

Íon

Não, por Zeus, certamente não!

Sócrates

Mas e na escultura, você já viu alguém que é hábil em comentar, a respeito de Dédalo, filho de Metíon, ou de Epeu, filho de Panopeu, ou de Teodoro de Samos,[13] ou de algum outro escultor – de um só –, o que faz bem, mas que nas obras dos outros escultores não se sai bem e cochila, não tendo o que dizer?

Íon

Não, por Zeus, também não tenho visto ninguém assim!

Sócrates

Na realidade – eu pelo menos acho isso –, nem na aulética, nem na citarística, nem na citaródia, nem na rapsódia,[14] você jamais viu um homem que é hábil em comentar sobre Olimpo, ou sobre Tâmiris, ou sobre Orfeu, ou sobre Fêmio, o rapsodo de Ítaca,[15] mas que

---

13. Dédalo é o lendário escultor e arquiteto ateniense; Epeu é o herói responsável pela construção do cavalo de madeira, estratagema que representou a ruína de Tróia; e Teodoro foi um célebre artífice de preciosidades em metal do século VI a. C.

14. A aulética era a arte de tocar um instrumento de sopro chamado *áulos*, uma espécie de flauta ou oboé duplo; a citarística, a arte de tocar cítara, uma espécie de lira; a citaródia, a arte de tocar cítara fazendo-se acompanhar do canto; e a rapsódia, a arte de costurar cantos, principalmente épicos, com ou sem acompanhamento instrumental.

15. Esses eram os respectivos expoentes lendários de cada uma das artes citadas. Fêmio é uma personagem da *Odisséia* de Homero, presente nos cantos 1 e 22.

sobre Íon de Éfeso não se sai bem e não é capaz de acrescentar algo em relação ao que verseja bem e ao que não.

ÍON

Não tenho como contradizê-lo a esse respeito, Sócrates, mas percebo comigo mesmo aquilo que eu disse – que sobre Homero sou dentre os homens quem fala de modo mais belo, me saio bem e todos dizem que falo bem, mas que sobre os demais, não. Veja então o que é isso...

SÓCRATES

E estou vendo, Íon, e vou mostrar a você o que me parece ser isso. Isso que há em você – falar bem sobre Homero – não é arte (aquilo que eu dizia agora há pouco), mas uma capacidade divina que o move, como na pedra que Eurípides chamou de "magnética", e a maioria de "heracléia".[16] Pois essa pedra não só atrai os próprios elos de ferro, mas ainda põe capacidade nos elos, para que por sua vez possam fazer o mesmo que a pedra faz – atrair outros anéis –, a ponto de às vezes uma cadeia muito extensa de ferros e elos ficar articulada; e para todos eles, a partir daquela pedra, a capacidade fica toda articulada. Assim também a Musa

16. O emprego do adjetivo por Eurípides aparece num fragmento da tragédia *Eneu*. Os nomes talvez derivem de duas cidades na Ásia Menor, Magnésia e Heracléia. Ou talvez a pedra tenha sido chamada "magnética" por causa de seu descobridor, Magnes, e "heracléia" por associação com a força do herói Héracles (Hércules para os latinos).

faz por si mesma seus inspirados, e através desses inspirados – outros se inspirando – uma cadeia se articula. Pois todos os poetas dos versos épicos – os bons –, não por arte, mas estando inspirados e tomados, falam todos esses belos poemas, e os cantadores – os bons – igualmente: **(534)** assim como os coribantes[17] dançam não estando em si, assim também os cantadores não estando em si fazem essas belas melodias; quando entram na harmonia e no ritmo, "bacanteiam", e é estando tomados – assim como as bacantes,[18] tomadas, tiram o mel e o leite dos rios, não estando em si – que também a alma desses cantadores realiza isso; é o que eles mesmos dizem! Pois é certo que os poetas nos dizem que é colhendo nas fontes de *mel* de certos jardins e vales das Musas que nos trazem as *mel*odias – tal qual as abelhas, também eles próprios dessa maneira voando.[19] E estão dizendo a verdade: porque o poeta é coisa leve, e alada, e sagrada, e não pode poetar até que se torne inspirado e fora de si, e a razão não esteja mais presente nele. Até conquistar tal coisa, todo homem é incapaz de poetar e proferir oráculos. Uma vez, portanto, que poetam e falam muitas e belas coisas sobre os fatos – como

17. Os coribantes eram sacerdotes que cultuavam com danças orgiásticas e cantos a deusa frígia Cibele, identificada com Réia (a mãe de Zeus) e associada à natureza e à fertilidade.

18. Seguidoras do deus Baco, outro nome para Dioniso, o filho de Zeus e Sêmele.

19. Parece haver um jogo aqui entre "mel" (*méli*), "abelhas" (*mélittai*) e "canções" (*méle*), que traduzimos por "melodias".

você sobre Homero – não por arte, mas por uma porção divina, cada um é capaz de poetar belamente só isto – aquilo para o que a Musa o lançou: um ditirambos, outro encômios, outro hiporquemas, outro versos épicos, outro jâmbicos...[20] No resto cada um deles é banal, pois não falam essas coisas por arte, mas por uma capacidade divina; porque se soubessem falar belamente, por arte, a respeito de um, a respeito de todos os demais também saberiam. Por isso o deus, tirando-lhes fora a razão, utiliza-se deles como serviçais, e também dos proferidores de oráculos e dos adivinhos divinos, para que nós, os ouvintes, saibamos que não são eles – aos quais a razão não assiste – que falam essas coisas assim dignas de tanta estima, mas que é o próprio deus quem fala, e por meio deles se pronuncia a nós. A maior prova a favor do meu discurso é Tínico de Cálcis,[21] que jamais fez outro poema que alguém se dignaria lembrar, a não ser o peã[22] que todos cantam, talvez a canção mais bela de todas – simplesmente (é o que ele próprio diz) "um achado das Musas".[23] Nes-

20. O ditirambo era um canto coral em honra a Dioniso; encômios, canções de louvor aos homens; hiporquemas, poemas em honra a Apolo e Ártemis em que um grupo cantava e outro bailava; e poemas jâmbicos, composições mordazes.

21. Não temos nenhuma outra referência, entre os testemunhos da época, a esse Tínico de Cálcis.

22. O peã era um canto coral em louvor a um deus; originalmente, era dedicado a Apolo.

23. "Musas", no original, aparece em dialeto eólico, próprio de parte da lírica grega.

se caso, principalmente, o deus me parece demonstrar a nós, para que não tenhamos dúvida, que não são humanos esses belos poemas nem dos homens, mas divinos e dos deuses, e que os poetas não são nada mais que intérpretes dos deuses, estando tomados, cada um, por aquele que o toma. Para demonstrar isso, o deus, de caso pensado, cantou por meio do poeta mais banal a mais bela canção. **(535)** Ou não lhe pareço estar dizendo a verdade, Íon?

Íon

Sim, por Zeus, a mim sim! Você me toca de certo modo a alma com essas palavras, Sócrates, e os bons poetas me parecem por uma porção divina – de junto dos deuses – interpretarem para nós esses poemas!

Sócrates

Ora, vocês, os rapsodos, não interpretam por sua vez os poemas dos poetas?

Íon

E nisso você está dizendo a verdade.

Sócrates

Ora, vocês não se tornam os intérpretes dos intérpretes?

Íon

Inteiramente!

Sócrates

Espere aí, Íon! Me diga o seguinte, e não se furte ao que eu perguntar: quando você diz bem os versos épicos e extasia em demasia os espectadores – quando você canta Odisseu saltando sobre a soleira, ficando manifesto aos pretendentes e vertendo flechas diante dos pés, ou Aquiles se lançando contra Heitor, ou ainda algo comovente sobre Andrômaca, sobre Hécuba ou sobre Príamo[24] –, nesse momento você está em si? Ou você fica fora de si, e a sua alma – inspirada – acha que está junto aos fatos que você narra, quer se passem em Ítaca, quer em Tróia, ou como quer ainda que os versos se apresentem?

Íon
Quão claramente você faz sua comprovação, Sócrates! Pois não vou me furtar a lhe dizer: eu, quando digo algo comovente, meus olhos se enchem de lágrimas, e quando digo algo assustador ou terrível, meus cabelos ficam em pé de medo, e o coração dispara!

Sócrates
Devemos dizer então, Íon, que nesse momento esse homem está em si, esse que, adornado com veste colorida e coroas de ouro, chora em sacrifícios e festivais – sem ter arruinado nenhuma delas... – e que se assusta parado diante de mais de vinte mil homens amigos – sem que ninguém tenha lhe tirado a roupa ou agido errado com ele...?

Íon
Não, por Zeus, com certeza não, Sócrates, para dizer a verdade.

---

24. Sócrates faz menção aqui de episódios épicos emocionantes: o canto 22 da *Odisséia*, e os cantos 6, 22 e 24 da *Ilíada*.

Sócrates
E você sabe que vocês também provocam essas mesmas coisas na maioria dos espectadores?

Íon
E sei muitíssimo bem! Toda vez, do alto do estrado, eu os vejo embaixo chorando, com um olhar terrível, se espantando com as coisas ditas. E é preciso que eu preste atenção neles – e como! –, porque, se os deixar chorando, eu mesmo vou rir ao receber o pagamento; mas, se os deixar rindo, perdendo o pagamento eu mesmo vou chorar...

Sócrates
Você sabe que esse espectador é o último dos anéis que eu dizia pegarem a capacidade uns dos outros por causa da pedra **(536)** heracléia? O do meio é você, rapsodo e ator, e o primeiro é o próprio poeta. E o deus, por meio deles todos, arrasta a alma dos homens para onde quer, fazendo a capacidade de um depender da capacidade do outro. E, como daquela pedra, uma corrente muito longa fica articulada de coreutas, diretores e subdiretores do coro,[25] articulados lateralmente a partir dos anéis dependentes da Musa; e um poeta fica articulado a partir de uma Musa, e outro a partir de outra. Chamamos a isso estar "to*m*ado", e é quase

25. Referência ao teatro: os coreutas eram os dançarinos que compunham o coro dramático, orientados por subdiretores e diretores, este último papel a princípio desempenhado pelo próprio poeta.

isso, pois se está "to*c*ado".[26] A partir desses primeiros anéis – dos poetas –, outros por sua vez ficam articulados e se inspiram, cada um do seu: uns a partir de Orfeu, outros a partir de Museu...[27] Mas a maioria é tomada e tocada por Homero; você é um desses, Íon, está tomado por Homero, e quando alguém canta a melodia de um outro poeta qualquer, você dorme e não se sai bem no que diz, mas quando alguma desse poeta é pronunciada, você logo fica acordado, a sua alma dança e você se sai bem no que diz. Pois não é por arte nem por conhecimento que você fala o que fala sobre Homero, mas por uma porção divina e uma possessão. Assim como os coribantes sentem intensamente apenas aquela melodia que vem do deus pelo qual estão tomados, e *nessa melodia* se saem bem nos movimentos e nas falas, sem se preocuparem com as demais, assim também você, Íon, quando Homero é lembrado, se sai bem, mas, quando os demais são lembrados, se sai mal. A razão disso – aquilo que você me pergunta, por que se sai bem em Homero e nos demais não – é que você é um hábil louvador de Homero não por arte, mas por uma porção divina.

---

26. Em grego, o jogo é entre *katékhetai*, "está tomado", e *ékhetai*, "está seguro".

27. Museu é outra figura lendária de cantor, geralmente associada a Orfeu e à deusa Deméter.

Íon

Você fala bem, Sócrates! Mas eu me espantaria se você falasse tão bem a ponto de me convencer de que eu louvo Homero estando tomado e enlouquecido. Acho que eu não lhe pareceria assim se você me ouvisse falar de Homero...

Sócrates

Na realidade, quero sim ouvir, mas depois de você me responder o seguinte: das coisas que Homero fala, sobre qual você fala bem? Pois certamente não sobre todas!

Íon

Fique sabendo, Sócrates, que não há nada sobre o que eu não fale bem!

Sócrates

Certamente não sobre essas coisas que por acaso você não sabe, mas que Homero fala...

Íon

E que coisas são essas que Homero fala e que eu não sei?

Sócrates

(537) Não fala Homero também sobre as artes, em muitos passos e muitas vezes? Por exemplo, sobre a arte do cocheiro – se me lembrar dos versos, eu lhe direi...

Íon

Mas *eu* vou dizer, pois estou lembrado!

Sócrates

Me diga então o que diz Nestor a Antíloco, seu filho,

quando o aconselha a ter cuidado na curva, na corrida de carros em honra a Pátroclo.[28]

Íon

...inclina-te então tu mesmo (diz) *sobre o carro bem-polido,*
ligeiramente, pra esquerda, enquanto tocas gritando
o cavalo da direita, com as mãos dando-lhe a rédea.
Que o teu cavalo da esquerda passe raspando na marca,
como se o eixo da roda bem-feita então parecesse
tocar-lhe a borda; porém evita encostar na pedra.[29]

Sócrates

Chega. Se Homero fala esses versos corretamente ou não, quem, Íon, saberia melhor: o médico ou o cocheiro?

Íon

O cocheiro, certamente!

Sócrates

Porque possui essa arte ou por outro motivo qualquer?

Íon

Não, porque possui a arte.

Sócrates

Ora, a cada uma das artes não é conferido pelo deus poder saber uma determinada prática? Pois, eu pre-

---

28. O ancião Nestor era o principal conselheiro das tropas gregas em Tróia. Pátroclo, morto pelo troiano Heitor e honrado em seu funeral com competições atléticas, era o melhor amigo de Aquiles.

29. O trecho citado corresponde, com uma pequena variação, aos versos 335-340 do canto 23 da nossa vulgata da *Ilíada*. A divisão dos poemas homéricos em livros, ou cantos, só foi instituída no período alexandrino (séculos III-II a. C.).

sumo, aquilo que sabemos pela arte do navegador não vamos saber também pela arte do médico...

Íon
Certamente não.

Sócrates
E aquilo que sabemos pela arte do médico, não vamos saber isso também pela arte do arquiteto...

Íon
Certamente não.

Sócrates
Ora, não é assim também com todas as artes: aquilo que sabemos por uma arte não vamos saber por uma outra? Mas antes disso me responda o seguinte: você não está dizendo que uma arte é diferente da outra?

Íon
Sim.

Sócrates
Então, tal como eu, em minha comprovação, chamo de modo diferente a duas artes – quando revelam conhecimento de fatos diferentes –, também você faz assim?

Íon
Sim.

Sócrates
Pois, eu presumo, se revelassem conhecimento dos mesmos fatos, por que diríamos ser diferentes, quando seria possível saber as mesmas coisas a partir de

ambas? Assim como eu sei que estes dedos aqui são cinco, também você, assim como eu, sabe a respeito deles as mesmas coisas. E se eu lhe perguntasse se sabemos, eu e você, por uma mesma arte – a dos números –, as mesmas coisas, ou se por duas diferentes, você diria certamente que por uma mesma.

Íon
Sim.

Sócrates
(538) Aquilo então que eu estava para lhe perguntar há pouco, me diga agora você – se em todas as artes lhe parece que é assim: ser forçoso saber por uma mesma arte as mesmas coisas, e por duas diferentes não as mesmas, mas, sendo diferentes, ser forçoso saber também coisas diferentes.

Íon
Assim me parece, Sócrates.

Sócrates
Portanto, aquele que não possuir determinada arte não vai poder saber belamente os dizeres e os afazeres dessa arte...

Íon
Você está dizendo a verdade.

Sócrates
Mas sobre os versos épicos que você disse, quem vai saber de modo mais belo – você ou o cocheiro – se Homero fala belamente ou não?

Íon
O cocheiro.

Sócrates
Porque você é rapsodo, eu presumo, e não cocheiro...

Íon
Sim.

Sócrates
E a arte do rapsodo é diferente da do cocheiro?

Íon
Sim.

Sócrates
Então, se é diferente, também revela conhecimento de fatos diferentes...

Íon
Sim.

Sócrates
Mas e quando Homero diz que Hecamede, a concubina de Nestor, dá ao ferido Macáon um cíceon[30] para beber? Ele diz mais ou menos assim:

... *com vinho de Pramno* (diz), *e junto ralou um queijo*
[de cabra,
com ralador brônzeo; ao lado, a cebola, um tira-gosto.[31]

---

30. Macáon desempenhava a função de médico na tropa grega. O cíceon era uma espécie de mingau de aveia.

31. O trecho citado corresponde, com variações, aos versos 639-640 do canto 11 da vulgata da *Ilíada*.

Esses versos, a qual arte, à do médico ou à do rapsodo, cabe belamente saber se Homero fala de modo correto ou não?

Íon
À do médico.

Sócrates
Mas e quando Homero diz:

... e se encaminhou ao fundo à maneira da chumbada,
que uma vez fixada em cima do chifre de um boi campestre
vai então levando a dor para os crudívoros peixes.[32]

Esses versos que ele diz, e se os diz belamente ou não, devemos afirmar que cabe mais à arte do pescador ou à do rapsodo julgar?

Íon
É claro que à do pescador, Sócrates!

Sócrates
Observe então – caso você estivesse me fazendo as perguntas e me perguntasse: "Sócrates, já que você encontra então em Homero os versos que cabe a cada uma dessas artes julgar, ande, encontre para mim também os que dizem respeito ao adivinho e à adivinhação: quais são os versos que cabe a ele poder saber se estão bem ou mal poetados?" –, observe como eu lhe responderei de modo fácil e verdadeiro! Pois fala disso em muitos passos na *Odisséia*; como, por exemplo, o

32. O trecho citado corresponde, com pequenas variações, aos versos 80-82 do canto 24 da vulgata da *Ilíada*.

que o adivinho descendente de Melampo, Teoclímeno, diz aos pretendentes:

(539) ... *Infortunados, que mal sofreis? Pela noite as vossas*
cabeças estão envoltas, rostos e membros embaixo;
a lamentação se alastra, as faces se enchem de lágrimas.
O pórtico está repleto, repleto o pátio, de espectros
arremessados ao Êrebo, debaixo do breu; o sol
desapareceu do céu, sobreveio horrível névoa.[33]

E em muitos passos também na *Ilíada*; como, por exemplo, na batalha junto à muralha, pois diz também aí:

Pois sobre eles, que ansiavam cruzá-lo, veio uma ave,
águia de vôo elevado, do lado esquerdo da tropa,
carregando em suas garras serpente enorme, a sangrar,
viva, ainda debatendo-se – não se esquecia da luta:
no peito, junto ao pescoço, picou quem a carregava,
curvando-se pra trás, e ela a lançou de si, por terra,
ao sentir a dor, jogando-a no meio da multidão.
E com um grito voou, com as rajadas do vento.[34]

Direi que esses versos, e os versos desse tipo, cabe ao adivinho tanto examinar quanto julgar...

Íon
Você estará dizendo a verdade, Sócrates!

Sócrates
E você também, Íon, nisso fala a verdade! Ande en-

33. O trecho citado corresponde, com variações e a omissão de uma linha (v. 354), aos versos 351-357 do canto 20 da vulgata da *Odisséia*.

34. O trecho citado corresponde exatamente aos versos 200-207 do canto 12 da vulgata da *Ilíada*.

tão, e agora também você para mim, assim como eu escolhi para você tanto da *Odisséia* quanto da *Ilíada* quais versos dizem respeito ao adivinho e quais ao médico e quais ao pescador, escolha assim também para mim – já que nos poemas de Homero você é um perito superior a mim – quais versos, Íon, dizem respeito ao rapsodo e à arte do rapsodo, os que cabe ao rapsodo tanto examinar quanto julgar, acima dos demais homens.

Íon
Eu digo, Sócrates, que *todos*!

Sócrates
Você mesmo não está dizendo que todos, Íon! Ou você é assim esquecido? E no entanto não conviria a um homem que é rapsodo ser esquecido...

Íon
(540) Mas do que estou me esquecendo?

Sócrates
Você não está lembrado de que disse que a arte do rapsodo é diferente da do cocheiro?

Íon
Estou lembrado.

Sócrates
Ora, sendo diferente, você não reconhece que vai saber também coisas diferentes?

Íon
Sim.

SÓCRATES

Então, de acordo com seu discurso, a arte do rapsodo não vai saber tudo, nem o rapsodo.

ÍON

Menos talvez as coisas desse tipo, Sócrates!

SÓCRATES

Por "as coisas desse tipo"[35] você está dizendo menos talvez as que dizem respeito às outras artes. Mas que tipo de coisa então ele vai saber, já que não todas?

ÍON

As que convém – acho eu – ao homem dizer, quais convém à mulher, quais ao escravo, quais ao homem livre, quais ao que é liderado, quais ao que é líder...

SÓCRATES

Quais então convém ao que é líder no mar dizer, quando o navio é atingido por uma tempestade – você está dizendo que o rapsodo vai saber de modo mais belo que o navegador?

ÍON

Não, o navegador! Pelo menos isso...

SÓCRATES

Mas o rapsodo vai saber de modo mais belo que o médico quais coisas convém ao que é "líder" do doente dizer?

ÍON

Isso também não!

---

35. O tom da fala de Íon é de desprezo.

Sócrates
Você está dizendo então quais coisas convém ao escravo?

Íon
Sim!

Sócrates
Você está dizendo que o que convém, por exemplo, ao escravo boiadeiro dizer ao controlar os bois bravios é o rapsodo quem vai saber, e não o boiadeiro?

Íon
Certamente não!

Sócrates
Quais coisas então convém à mulher fiandeira dizer sobre o trabalho com lã?

Íon
Não!

Sócrates
Vai saber então quais coisas convém ao homem que é comandante dizer, ao exortar seus soldados?

Íon
Sim, as coisas desse tipo o rapsodo vai saber!

Sócrates
Mas e a arte do rapsodo é a arte do comandante?!

Íon
Eu pelo menos saberia, de minha parte, quais coisas convém ao comandante dizer...

SÓCRATES
Talvez porque você seja também comandante, Íon! Pois se você por acaso fosse ao mesmo tempo cavaleiro e citarista, você saberia que cavalos cavalgam bem e mal; mas se eu lhe perguntasse: "Por qual arte, Íon, você sabe que cavalos cavalgam bem – pela qual você é cavaleiro ou pela qual é citarista?", o que você me responderia?

ÍON
Pela qual sou cavaleiro, eu responderia.

SÓCRATES
Ora, se você também soubesse quem toca bem cítara, você não admitiria saber isso por essa arte pela qual você é citarista, e não pela qual é cavaleiro?

ÍON
Sim.

SÓCRATES
E já que você sabe arte militar, você sabe por qual arte: pela qual você é comandante ou pela qual é bom rapsodo?

ÍON
A mim não me parece haver diferença alguma...

SÓCRATES
(541) Como?! Você está dizendo que não há diferença alguma?! Você está dizendo que são uma só arte a arte do rapsodo e a do comandante, ou duas?

ÍON
A mim me parece que são uma só...

Sócrates
Aquele então que é bom rapsodo – esse também é por acaso bom comandante?

Íon
Com certeza, Sócrates!

Sócrates
Então aquele que por acaso é bom comandante é também bom rapsodo...

Íon
Aí já me parece que não...

Sócrates
Mas aquilo, porém, lhe parece que sim: que aquele que é bom rapsodo é também bom comandante?

Íon
Com certeza.

Sócrates
Ora, você não é o melhor rapsodo dos helenos?

Íon
De longe, Sócrates!

Sócrates
E comandante, Íon, você também não é o melhor dos helenos?

Íon
Fique sabendo que sim, Sócrates, depois de aprender até isso com os poemas de Homero!

Sócrates
Ora, mas por que então, Íon, pelos deuses, sendo dupla-

mente o melhor dos helenos – tanto comandante quanto rapsodo –, você verseja excurs*ion*ando[36] entre os helenos, mas não comanda? Ou lhe parece que os helenos têm muita necessidade de um rapsodo coroado com coroa de ouro, mas de um comandante, nenhuma?

Íon
Porque a nossa cidade, Sócrates, é liderada e comandada por vocês, e não precisa absolutamente de um comandante; por outro lado, a de vocês e a dos lacedemônios[37] não me escolheriam como comandante, pois vocês acham que vocês mesmos se bastam.

Sócrates
Excelente Íon, você não sabe quem é Apolodoro de Cízico?[38]

Íon
Que tipo de pessoa é ele?

Sócrates
Aquele que os atenienses muitas vezes têm escolhido como seu comandante, ainda que seja estrangeiro; e também Fanóstenes de Ândros e Heraclides de Clazômena,[39] que esta cidade conduz, ainda que sejam estrangeiros, ao comando e a outros postos, porque demonstraram que são dignos de consideração. E ela

36. Há em grego um jogo de palavras entre Íon (*Íon*) e o particípio "andando em volta", *peri*-ión.

37. Isto é, Esparta.

38. Não temos nenhuma outra informação sobre este general.

39. Personagens da política ateniense do final do século V a. C.

então não escolherá como comandante e não honrará Íon de Éfeso, caso pareça ser digno de consideração? Mas e os efésios, não são atenienses na origem,[40] e não é Éfeso menor que cidade alguma? Mas o fato, Íon, é que, se você está dizendo a verdade – que por arte e por conhecimento pode louvar Homero –, você faz mal! Você que, depois de me garantir que sabe muitas e belas coisas sobre Homero e de dizer várias vezes que as demonstraria, fica agora me enganando e que ainda precisa demonstrar muito! Você que nem quer dizer quais são essas coisas em que é hábil, ainda que há muito eu venha insistindo, mas que agora simplesmente assume, como Proteu,[41] todas as formas, virando-se para cima e para baixo, até que, finalmente, depois de fugir de mim, você aparece como comandante, para não demonstrar para mim que **(542)** é hábil na sabedoria de Homero! Assim, se você, possuindo arte (aquilo que eu dizia agora há pouco), depois de me prometer uma demonstração sobre Homero, fica agora me enganando, você faz mal; mas se você não possui arte, e por uma porção divina, estando tomado por Homero e nada sabendo, diz muitas e belas coisas sobre o poeta (conforme eu disse a seu respeito), você não faz nada de mal. Escolha então como você prefere ser considerado por nós: homem malfeitor ou divino...

---

40. De acordo com a tradição, Éfeso havia sido fundada pelo filho do rei ateniense Codro, Ândroclo.

41. Proteu é uma divindade marinha capaz de predizer o futuro e célebre pelo dom da metamorfose, como nos mostra o canto 4 da *Odisséia*.

Íon

Há muita diferença, Sócrates! Pois é muito mais belo ser considerado divino!

Sócrates

Para nós então algo mais belo lhe pertence, Íon: ser divino e de Homero um louvador sem arte.

Hípias Menor
(Sobre a mentira)

Sócrates, Êudico,
alguns ouvintes e
o sofista Hípias
reúnem-se após
uma conferência deste último
durante as Olimpíadas.[1]

Êudico

(363) Mas e você, por que se cala, Sócrates, depois de Hípias ter feito tamanha demonstração, e não louva também algo do que se disse – ou mesmo refuta, se de algum modo não lhe parece estar belamente dito? Ainda mais porque restamos só nós mesmos, que mais podemos reivindicar tomar parte na dedicação à filosofia...

Sócrates

Na realidade, há sim coisas – das que ele dizia agora há pouco sobre Homero – que eu teria prazer em saber de Hípias. Pois eu já ouvia, Êudico, de seu pai, Apemanto, que a *Ilíada* seria um poema de Homero mais belo que a *Odisséia* – tanto mais belo quanto Aquiles seria melhor que Odisseu (ele dizia que um

---

1. Hípias foi contemporâneo de Sócrates, tendo vivido entre 470-395 a. C., aproximadamente. É personagem também de outro diálogo platônico, o *Hípias Maior*. Sobre Êudico, não temos mais informações; era provavelmente patrono dos sofistas.

dos poemas tinha sido feito para Odisseu, e o outro para Aquiles).[2] Sobre isso então eu teria prazer em saber – caso Hípias esteja de acordo – qual a opinião dele a respeito desses dois homens e qual ele afirma ser melhor, uma vez que tem demonstrado para nós muitas outras coisas de todo tipo – tanto sobre os outros poetas quanto sobre Homero.

Êudico

Mas é claro que, se você lhe perguntar algo, Hípias não se recusará a responder! *(Voltando-se para Hípias.)* Hípias, se Sócrates lhe perguntar algo, você responderá, não é? Como você vai agir?

Hípias

Pois eu agiria terrivelmente, Êudico, se sempre vindo, quando das Olimpíadas, de minha casa em Élis rumo a Olímpia para a festa dos helenos,[3] e me colocando à disposição no santuário – tanto para dizer o que quer que desejem do que já esteja preparado por mim para a demonstração quanto para responder aos que

---

2. Aquiles é a personagem principal da *Ilíada*, que narra os acontecimentos do nono ano da guerra contra Tróia, e Odisseu (ou Ulisses), o protagonista da *Odisséia*, que narra seu retorno para casa, a ilha de Ítaca.

3. Olímpia era o principal local de culto a Zeus e centro da confederação das cidades da Élida (noroeste do Peloponeso), cuja capital era Élis. Os Jogos Olímpicos aconteciam a cada quatro anos, não apenas com disputas de atletas e rapsodos, mas também com debates entre sábios, os chamados *sofistas;* vencia aquele que, pela palavra, "encurralasse" seu oponente.

desejam *o que quer que perguntem* –, fugisse agora à pergunta de Sócrates!

Sócrates

(364) Venturosa, Hípias, é a sensação que sentes, se a cada Olimpíada, estando assim confiante na alma em relação à sua sabedoria, você chega ao santuário! Eu me espantaria se algum dos atletas do corpo, mantendo-se assim destemido e confiante em seu corpo, tal qual você diz estar em seu pensamento, viesse aí concorrer...

Hípias

É natural, Sócrates, que eu sinta assim, pois desde que comecei a concorrer nas Olimpíadas nunca cruzei com alguém superior a mim em coisa alguma...

Sócrates

Bela – diz você, Hípias – "oferenda de sabedoria" é para a cidade dos eleus a sua reputação, e também para seus pais! Mas então, o que você nos diz sobre Aquiles e Odisseu? Qual dos dois você afirma ser melhor, e em quê? Porque no momento em que éramos muitos lá dentro e você fazia sua demonstração, não acompanhei suas palavras: eu receava perguntar, porque era grande a multidão lá dentro, e também para não ser, perguntando, um entrave à sua demonstração. Agora, porém, que estamos em menor número e este Êudico aqui me manda perguntar, diga e nos instrua com clareza: o que você falava sobre esses dois homens? Como você os distinguia?

Hípias

Para você, Sócrates, eu quero abordar, ainda mais claramente do que então, o que digo tanto sobre esses quanto sobre outros! Pois afirmo que Homero fez de Aquiles o melhor homem dentre os que chegaram a Tróia, de Nestor, o mais sábio, e de Odisseu, o mais multiforme.[4]

Sócrates

Babaî, Hípias![5] Você me faria então este favor – de não rir de mim se a custo eu compreender o que você diz e muitas vezes o interrogar? Tente antes me responder de modo gentil e amigável...

Hípias

Seria detestável, Sócrates, se, ensinando aos outros essas mesmas coisas – e achando justo receber dinheiro por isso –, eu próprio não tivesse condescendência diante de suas perguntas e não respondesse gentilmente!

Sócrates

Você fala muito bem! De minha parte, pensei compreender o que você dizia, no momento em que você afirmou que ele fez de Aquiles o melhor e de Nestor o

---

4. "Multiforme" é como Odisseu é qualificado no primeiro verso da *Odisséia*: "O varão me evoca, Musa, multiforme, que muitíssimo/ vagou...". No poema, o termo não tem valor depreciativo – antes indica a versatilidade do herói. Nos séculos V e IV a. C., entretanto, Odisseu era visto como exemplo de caráter traiçoeiro e nada confiável.

5. Apenas transliteramos a interjeição grega, de espanto.

mais sábio; mas quando você falou que de Odisseu o poeta teria feito o mais *multiforme* – isso, para lhe dizer a verdade, já não sei inteiramente por que razão você afirma... Mas me diga, para ver se a partir daí compreendo melhor: Homero não fez Aquiles multiforme?

Hípias
Nem um pouco, Sócrates, mas o mais direto e o mais verdadeiro, já que nas "Súplicas", no momento em que os faz dialogar um com o outro, por meio dele Aquiles diz para Odisseu:

(365) *Laercida divogênito, multi-engenhoso Odisseu,*
devo dizer sem reservas então este meu discurso
– o que realizarei, tal qual penso que será.
Pois pra mim é odioso como os portões do Hades o homem
que em seu espírito esconde uma coisa e afirma outra;
eu, porém, direi conforme ainda acontecerá.[6]

Nesses versos ele evidencia a forma de ser de cada homem: como Aquiles, por um lado, era verdadeiro e direto, e Odisseu, por outro, multiforme e mentiroso – pois faz Aquiles dizer a Odisseu esses versos...

Sócrates
Agora, Hípias, já me arrisco a compreender o que você

---

6. O trecho citado corresponde, com pequenas variações e a omissão de uma linha (v. 311), aos versos 308-313 do canto 9 da vulgata da *Ilíada*. Nesse episódio do poema, intitulado "Súplicas", Aquiles recebe em sua cabana a visita de Fênix, Odisseu e Ájax, companheiros que tentam convencê-lo – sem sucesso – a aceitar a retratação de Agamênon, o líder das tropas gregas, e voltar a lutar contra os troianos.

está dizendo. Ao que parece, você está dizendo que o *multiforme* é *mentiroso*...

Hípias
Com certeza, Sócrates! Foi desse jeito que Homero fez Odisseu em muitos passos, tanto na *Ilíada* quanto na *Odisséia*.

Sócrates
Parecia então a Homero, como era de se esperar, que o homem verdadeiro era um, e o mentiroso, outro – mas não a mesma pessoa...

Hípias
E como não há de ser, Sócrates?

Sócrates
E naturalmente também lhe parece assim, Hípias...?

Hípias
Com toda certeza! Pois seria terrível se não...

Sócrates
Deixemos então Homero, até porque não temos capacidade de perguntar a ele o que tinha em mente ao fazer esses versos. Mas já que você mostra aceitar a causa e concorda com aquilo que afirma que Homero diz, responda em conjunto – por Homero e por você...

Hípias
Assim será. Pergunte, com brevidade, o que quiser...

Sócrates
Você está dizendo que os mentirosos são, por exemplo, *incapazes* de fazer algo (como os doentes) ou *capazes* de fazer algo?

Hípias
Capazes – digo eu –, e como! Entre muitas outras coisas, de enganar os homens!

Sócrates
Capazes então – como é de se esperar – eles são (de acordo com seu discurso), e também multiformes, não é?

Hípias
Sim.

Sócrates
E multiformes eles são, e também enganadores, por estupidez e falta de inteligência, ou por malícia e certa inteligência?

Hípias
Por malícia, com toda certeza, e por inteligência!

Sócrates
Inteligentes eles portanto são, como é de se esperar...

Hípias
Sim, por Zeus, e muito!

Sócrates
E inteligentes que são, não sabem o que fazem, ou sabem?

Hípias
E como sabem! Por isso mesmo praticam o mal.

Sócrates
E sabendo isso que sabem, são ignorantes ou sábios?

Hípias
(366) Sábios, realmente – ao menos nisto mesmo: *enganar*.

Sócrates
Espere aí! Relembremos o que é que você está dizendo: você afirma que os mentirosos são capazes, e inteligentes, e conhecedores, e sábios naquilo em que mentem?

Hípias
Afirmo, realmente.

Sócrates
E que os verdadeiros e os mentirosos são pessoas distintas, e totalmente opostas entre si?

Hípias
É isso que estou dizendo...

Sócrates
Muito bem! De acordo com seu discurso, entre os capazes e sábios estão, como é de se esperar, os mentirosos...

Hípias
Com certeza!

Sócrates
Mas quando você diz que os mentirosos são capazes e sábios "nisto mesmo", você está dizendo que são *capazes* – caso queiram – ou que são *incapazes* de mentir naquilo em que mentem?

Hípias
Capazes, digo eu.

Sócrates
Para dizer então de forma resumida: os mentirosos são os sábios e os capazes de mentir...

Hípias
Sim.

Sócrates
Então um varão incapaz de mentir e ignorante não poderia ser mentiroso...

Hípias
Assim é.

Sócrates
Mas *capaz* é todo aquele que faz o que quer, quando quer. Não estou falando daquele impedido por uma doença ou coisa do tipo, mas de como você é capaz de escrever meu nome quando quer – é disso que estou falando. Não é aquele que se comporta assim que você chama de *capaz*?

Hípias
Sim.

Sócrates
Me diga, Hípias, você não é perito em contas e cálculo?

Hípias
Com toda certeza, Sócrates!

Sócrates
Ora, se alguém lhe perguntasse quanto é setecentos vezes três, você não poderia, se quisesse, dizer a verdade sobre isso melhor e mais rápido que todos?

Hípias
Com certeza.

Sócrates
Porque você é o mais capaz e o mais sábio nessas coisas?

Hípias
Sim.

Sócrates
E você é o mais sábio e o mais capaz apenas, ou também o *melhor* nessas coisas em que é o mais capaz e o mais sábio – o cálculo?

Hípias
Certamente também o melhor, Sócrates!

Sócrates
Então você seria o mais capaz de dizer a verdade sobre essas coisas, não é?

Hípias
Acho que sim.

Sócrates
Mas e as mentiras sobre essas mesmas coisas? Como antes, Hípias, me responda de maneira nobre e magnânima: se alguém lhe perguntasse quanto é setecentos vezes três, você – *querendo mentir e jamais responder a verdade* – é quem mais poderia mentir e sempre dizer, em relação às mesmas coisas, mentiras a seu respeito, ou um ignorante em cálculo seria capaz de **(367)** mentir mais que você, que queria mentir? O ignorante, querendo dizer mentiras, poderia muitas vezes

dizer *involuntariamente a verdade* – por um acaso, pelo fato de não saber –, enquanto você, o sábio, se quisesse mentir, poderia mentir sempre sobre as mesmas coisas, não?

Hípias
Sim, assim é, conforme você diz.

Sócrates
E o mentiroso é mentiroso nas demais coisas, mas não nos números, e sobre números não mentiria?

Hípias
Sim, por Zeus, também sobre números!

Sócrates
Devemos então estabelecer isto também, Hípias: que em cálculo e números há um homem mentiroso.

Hípias
Sim.

Sócrates
E quem seria esse? Não é preciso haver nele – se vai mesmo ser um mentiroso – a *capacidade* de mentir, como você mesmo há pouco reconhecia? Pois estava sendo dito por você, se está lembrado, que *o incapaz de mentir* jamais se tornaria um mentiroso...

Hípias
Estou lembrado, e assim foi dito.

Sócrates
Ora, você há pouco não se mostrou o mais capaz de mentir sobre cálculo?

Hípias
Sim, realmente, isso também foi dito...

Sócrates
E você não é então também o mais capaz de falar a verdade sobre cálculo?

Hípias
Com certeza!

Sócrates
Ora, uma mesma pessoa não é capaz de falar a verdade e a mentira sobre cálculo? Esse é o que é *bom* nisso: o calculador.

Hípias
Sim.

Sócrates
E que outro homem é mentiroso em cálculo, Hípias, senão o *bom*? Pois esse também é capaz, e esse também é verdadeiro!

Hípias
Parece que sim...

Sócrates
Você não vê então que uma mesma pessoa é mentirosa e verdadeira nisso, e que o verdadeiro não é em nada melhor que o mentiroso? Pois são certamente uma mesma pessoa e não se contrapõem, conforme você achava há pouco...

Hípias
Parece que não, nesse caso ao menos...

Sócrates
Você quer que examinemos outros também?

Hípias
Se você quiser...

Sócrates
Ora, você não é perito também em geometria?

Hípias
Sou sim.

Sócrates
E não é assim também em geometria – uma mesma pessoa é a mais capaz de mentir e dizer a verdade sobre os diagramas: o geômetra?

Hípias
Sim.

Sócrates
E sobre isso, algum outro é *bom*, senão esse?

Hípias
Nenhum outro.

Sócrates
Ora, o bom e sábio geômetra não é o mais capaz em ambas as coisas? E se houvesse um mentiroso em diagramas – não seria esse, o *bom*? Pois esse é capaz, enquanto o mau seria incapaz de mentir... De modo que não seria mentiroso o incapacitado para mentir, conforme se reconheceu...

Hípias
Assim é.

Sócrates

Mas examinemos ainda um terceiro caso, o astrônomo, de cuja arte você se acha **(368)** ainda mais conhecedor do que das anteriores, não é, Hípias?

Hípias

Sim.

Sócrates

Ora, não ocorrem essas mesmas coisas também na astronomia?

Hípias

É natural, Sócrates.

Sócrates

Também na astronomia, então, se houver também um mentiroso, será o *bom* astrônomo o mentiroso, o capaz de mentir – não será o incapaz, pois é ignorante!

Hípias

Assim parece.

Sócrates

Então também na astronomia uma mesma pessoa será verdadeira e mentirosa...

Hípias

É de se esperar...

Sócrates

Ande, Hípias, examine assim, bem à vontade, todas as áreas do conhecimento, para ver se por acaso há alguma que é diferente disso, ou não. Você é *por completo*, no maior número de artes, o mais sábio de todos os homens, como eu mesmo um dia o escutei declarar com grandiosidade, quando você percorria a sua vasta e invejável sabedoria na ágora, junto às bancas...[7] Você dizia que um dia tinha chegado a Olímpia apresentando como obra sua *tudo* que trazia no corpo: primeiro, que o anel (começava por aí) que você trazia era obra sua – enquanto conhecedor do entalhe de anéis – e obra sua o outro, com um selo, e o raspador e o frasco de óleo,[8] que você fabricara pessoalmente; depois, você dizia ter pessoalmente cortado os sapatos que você trazia, e ter costurado o manto e a túnica – e o que a todos pareceu mais surpreendente e demonstração de sabedoria plena: quando você disse que o cinto da túnica que você trazia era tal qual os persas mais caros, e que você o tinha urdido pessoalmente! Além disso, que viera trazendo poemas – épicos, tragédias, ditirambos – e muitos discursos de todo tipo, compostos em prosa. E das artes que há pouco eu mencionava, que você chegava como um conhecedor diferenciado dos demais – e também dos ritmos, e das harmonias, e da correção gramatical, e ainda de muitíssimas outras coisas além dessas, conforme julgo estar lembrado... Mas já tinha me esquecido (como era de se esperar...) de sua arte mnemônica, na qual você acha que é o mais brilhante! Acho que me esqueci de tantas outras coisas também... Mas eis o que quero dizer: olhando para as suas próprias artes – e são tantas! – e para as

---

7. Tradicional local de encontro.

8. Os gregos tinham o hábito de untar a pele com óleo e raspá-la após a prática de exercícios físicos.

dos demais, me diga se por acaso você encontra, a partir do que foi reconhecido por mim e por você, uma em que o verdadeiro seja uma pessoa e o mentiroso outra à parte, e não a mesma. Examine isso em qualquer área do saber que você queira – ou **(369)** da malícia, ou como você goste de chamar –, mas você não vai encontrar, amigo, porque não há; se há – me diga lá!

Hípias
Mas agora, assim, não consigo, Sócrates...

Sócrates
Nem conseguirá, acho eu. Mas, se falo a verdade, você se lembra do que concluímos pelo discurso, Hípias...

Hípias
Não entendo muito bem o que você está dizendo, Sócrates...

Sócrates
É que talvez você não esteja usando sua arte mnemônica; claro que você acha que não é preciso... Mas eu vou relembrá-lo: você sabe que estava dizendo que Aquiles, por um lado, era verdadeiro, e que Odisseu, por outro, era mentiroso e multiforme?

Hípias
Sim.

Sócrates
Você não percebe então agora que está claro que uma mesma pessoa é mentirosa e verdadeira, de tal modo que, se Odisseu era mentiroso, torna-se agora também verdadeiro, e que se Aquiles era verdadeiro,

torna-se agora também mentiroso, não sendo esses homens diferentes nem opostos entre si, mas semelhantes?

Hípias
Sócrates, você está sempre urdindo discursos desse tipo! Ao destacar o que é discutível em um discurso, você nisso se concentra, agarrando-se ao detalhe – e não combate o dado geral que o discurso aborda. Pois agora mesmo, se você quiser, vou lhe demonstrar por muitas provas, com um discurso suficiente, que Homero fez Aquiles melhor que Odisseu e sem-mentiras, e fez este ardiloso, muito mentiroso e inferior a Aquiles. Se você quiser, na sua vez contraponha ao meu discurso o seu discurso de que o outro é melhor – e estes aqui saberão bem qual dos dois fala melhor...

Sócrates
Hípias, eu não defendo, não, que você *não é* mais sábio do que eu... Mas estou sempre acostumado, quando alguém fala algo, a prestar atenção – ainda mais quando me parece que quem fala é sábio. E desejando compreender o que ele fala, me informo de tudo, e examino mais de uma vez, e comparo as coisas ditas, com o intuito de compreender. Mas se me parece que quem fala é banal – nem interrogo nem me preocupo com o que ele fala. É por aí que você vai reconhecer aqueles que eu considero sábios: você vai me encontrar sendo insistente com as coisas ditas por esse e junto a ele me informando, com o intuito de receber ajuda na compreensão de algo. Pois agora mesmo pensei, enquanto você falava, que me parece estranho que

você esteja dizendo a verdade em relação aos versos que você há pouco mencionava, para mostrar que Aquiles se dirige a Odisseu como a um trapaceiro, porque Odisseu **(370)** em nenhum passo aparece mentindo – o multiforme –, enquanto Aquiles aparece sim como alguém *multiforme* (de acordo com seu discurso), pois ele mente! Porque dizendo primeiro estes versos, que você mesmo há pouco citava,

pois pra mim é odioso como os portões do Hades o homem
que em seu espírito esconde uma coisa e afirma outra,

um pouco depois diz que não seria persuadido por Odisseu nem por Agamênon, e que não permaneceria de modo algum em Tróia, mas

amanhã – o sacrifício feito a Zeus (diz) *e aos deuses todos,*
bem carregadas as naus depois de as puxar ao mar –
verás, se acaso quiseres, e se isso te interessar,
muito cedo as minhas naus sobre o piscoso Helesponto
navegar, e nelas homens desejosos por remar.
Se o célebre Treme-terra me der boa travessia,
no terceiro dia chego à fertilíssima Ftia.[9]

E antes disso ainda, ele dissera para Agamênon, atacando-o:

Parto agora para a Ftia – decerto é muito melhor
ir pra casa nas curvadas naus: nem penso acumular
pra ti (sem honra que sou aqui) riqueza e recursos.[10]

---

9. O trecho citado corresponde aos versos 357-363 do canto 9 da vulgata da *Ilíada*.

10. O trecho citado corresponde, com uma pequena variação, aos versos 169-171 do canto 1 da vulgata da *Ilíada*.

Mesmo dizendo essas coisas – ora diante de todo o exército, ora para os próprios companheiros –, *em nenhum passo* ele aparece nem se preparando nem se pondo a puxar as naus para navegar de volta para casa, mas sim muito nobremente fazendo pouco caso do ato de falar a verdade! Por isso eu mesmo, Hípias, desde o princípio o interrogava, porque estava em aporia sobre qual desses varões o poeta fez melhor, e por considerar que ambos são excelentes e difícil discernir qual seria o melhor, seja na mentira, seja na verdade, seja em outra excelência. Pois ambos, mesmo nisso, são parecidos...

Hípias
Pois você não está examinando bem, Sócrates. As mentiras que Aquiles diz, ele não aparece dizendo em função de um plano, mas *involuntariamente*, porque foi forçado a ficar e a prestar socorro em razão da dificuldade do exército. Já as que Odisseu diz, diz *voluntariamente* e em função de um *plano*.

Sócrates
Você está me enganando, Hípias, e imitando Odisseu...

Hípias
(371) De jeito nenhum, Sócrates! Mas por que você está dizendo isso?

Sócrates
Porque você está afirmando que Aquiles mente *não em função de um plano*, ele que era (conforme Homero o fez) tão engambelador e planejador de trapaça,

que mostra ser mais esperto que o próprio Odisseu em passar facilmente despercebido ao trapacear – tanto que ousou, diante desse mesmo, ele mesmo contra si mesmo falar, e passou despercebido a Odisseu... Odisseu pelo menos não aparece lhe dizendo nada, tal qual estivesse percebendo que ele estava mentindo...

Hípias

Mas de que versos você está falando, Sócrates!?

Sócrates

Você não sabe que, falando já depois de ter dito para Odisseu que com a aurora navegaria de volta, para Ájax ele diz, desta vez, que *não* navegaria de volta e fala *outras* coisas?

Hípias

Em que passo?

Sócrates

Nos versos em que diz:

não vou me ocupar da guerra sanguinolenta antes disto
– antes que o divino Heitor, filho do experiente Príamo,
tenha enfim chegado às naus e às cabanas dos mirmídones
– assassinando os argivos – e lançado fogo às naus.
Mas em volta desta minha cabana e da negra nau
penso que Heitor, mesmo ansioso por lutar, será detido.[11]

Você, Hípias, acha mesmo que o filho de Tétis e aluno

11. O trecho citado corresponde, com pequenas variações, aos versos 650-655 do canto 9 da vulgata da *Ilíada*.

do sapientíssimo Quíron[12] é tão esquecido assim, a ponto de – tendo atacado um pouco antes os trapaceiros, num ataque extremado – ele mesmo dizer na seqüência para Odisseu que vai navegar de volta, mas para Ájax que vai ficar, e que *não planeja*, e que não considera Odisseu arcaico[13] e que há de o superar nesse ato mesmo de criar artifícios e mentiras?

Hípias
Ora, me parece que não, Sócrates! Também essas coisas mesmas – foi movido *por sua boa índole* que ele as disse de um modo a Ájax e de outro a Odisseu. Já Odisseu, o que diz de verdadeiro, diz sempre *planejando*, e o quanto diz de mentiroso, do mesmo jeito...

Sócrates
É melhor então – como é de se esperar – Odisseu do que Aquiles...

Hípias
Nem um pouco, com certeza, Sócrates!

Sócrates
Mas os que mentem *voluntariamente* não se mostraram há pouco superiores aos que o fazem *involuntariamente*?

---

12. Tétis é uma deusa marinha e gerou Aquiles ao se unir com um mortal, Peleu. Quíron é o centauro (metade homem, metade cavalo) responsável pela instrução de Aquiles.

13. Na *Ilíada*, Aquiles é bem mais jovem que Odisseu.

Hípias

Mas como, Sócrates, os que *voluntariamente* agem errado e *voluntariamente* planejam **(372)** e praticam o mal poderiam ser superiores àqueles que o fazem *involuntariamente* – e para os quais parece haver muita condescendência no caso de, *sem conhecimento*, agirem errado ou mentirem ou fazerem algum outro mal? Até as leis são com certeza muito mais severas com os que *voluntariamente* praticam o mal e mentem do que com os que o fazem *involuntariamente*!

Sócrates

Você está vendo, Hípias, como digo a verdade quando digo que sou insistente nas perguntas aos sábios? E estou arriscado a ser bom nisso apenas, no resto sendo bastante banal: porque nos fatos – para que lado vão – eu tropeço e não sei como andam... Prova suficiente disso para mim é que, quando me encontro com algum de vocês (os mais benquistos em sabedoria, cuja sabedoria os helenos todos testemunham), mostro que nada sei – pois, a bem dizer, *nada* do que me parece parece também a vocês. Que maior prova de ignorância do que divergir de homens sábios? Tenho isto apenas de admirável e bom, que me salva: não me envergonho de aprender, mas me informo, interrogo e mostro grande gratidão a quem me responde. Jamais privei alguém dessa gratidão, pois jamais neguei que aprendi algo e fiz o ensinamento parecer um achado meu. Antes louvo quem me instruiu – como sendo um sábio – ao mostrar o que aprendi junto a ele. Pois também agora não concordo com o que você está dizendo, mas divirjo – e como! Sei bem que isso acontece por minha causa, porque sou deste jeito que sou, para não dizer de mim mesmo algo mais grave... Pois me parece, Hípias, ser inteiramente o *contrário* do que você está dizendo: que os que prejudicam os homens e agem errado e mentem e enganam e cometem faltas de modo *voluntário* – e não *involuntariamente* – são superiores aos que o fazem involuntariamente. Às vezes, porém, também me parece o contrário disso, e ando à deriva a esse respeito – claro que por não saber! Agora, na situação presente, me veio como que um acesso de febre, e os que voluntariamente cometem uma falta me parecem superiores aos que o fazem involuntariamente... E acuso de serem causadores da presente sensação os discursos anteriores, de tal modo que, na situação presente, os que fazem *involuntariamente* cada uma dessas coisas se mostram *mais sofríveis* do que os que as fazem *voluntariamente*. Mostre-me então favor e não se recuse a curar minha alma! **(373)** Você naturalmente fará um bem muito maior livrando-me a alma da ignorância do que o corpo da doença! Entretanto, se um longo discurso é o que você quer fazer, lhe digo de antemão que você não me curaria, pois eu não o acompanharia... Mas se é como há pouco que você quer me responder, você me ajudará bastante, e acho que você mesmo não vai se prejudicar em nada. *(Voltando-se para Êudico.)* E com justiça eu poderia convocá-lo também, filho de Apemanto, pois foi você quem me instigou a dialogar com Hípias. Agora, se Hípias não quiser me responder, peça a ele por mim...

Êudico
Mas acho, Sócrates, que Hípias não vai de modo algum pedir pelo nosso pedido... Não foram essas as palavras ditas antes por ele, mas sim que não fugiria à pergunta de homem algum! Não é, Hípias? Não era isso que você dizia?

Hípias
Sim, eu dizia! Mas Sócrates, Êudico, ataranta sempre os discursos e se parece, tal e qual, com quem pratica o mal...

Sócrates
Excelente Hípias, não é *voluntariamente* que faço essas coisas, pois sábio eu seria, e hábil (de acordo com seu discurso); mas é *involuntariamente*. Seja, portanto, condescendente comigo... Você mesmo está dizendo que, com aquele que pratica o mal involuntariamente, é preciso ter condescendência...

Êudico
E de modo algum, Hípias, você vai agir diferente! Mas tanto por nós quanto pelos discursos feitos anteriormente por você, responda aquilo que Sócrates lhe perguntar.

Hípias
Vou responder – *porque você está me pedindo*. Ande, pergunte o que você quiser.

Sócrates
Na realidade, como desejo examinar a fundo, Hípias, o que se disse agora há pouco! Quais são melhores, os

que cometem faltas *voluntária* ou *involuntariamente*? Acho apenas que seria mais correto fazer o exame do seguinte modo: me responda, você chama algum corredor de *bom*?

Hípias
Chamo sim.

Sócrates
E de *mau*?

Hípias
Sim.

Sócrates
Ora, *bom* não é o que corre bem, e *mau* o que mal?

Hípias
Sim.

Sócrates
Ora, o que corre devagar não corre mal, e o que corre rápido, bem?

Hípias
Sim.

Sócrates
Na corrida, então, e no ato de correr, o rápido é bom, e o vagaroso é mau?

Hípias
O que mais haveria de ser?!

Sócrates
Mas é melhor corredor o que corre devagar *voluntária* ou *involuntariamente?*

Hípias
Voluntariamente.

Sócrates
E correr não é fazer algo?

Hípias
É fazer, realmente.

Sócrates
Se é fazer, não é também *praticar* algo?

Hípias
Sim.

Sócrates
Então, o que corre mal pratica o que é mau e vergonhoso na corrida?

Hípias
O que é mau, como não!?

Sócrates
E corre mal o que corre devagar?

Hípias
Sim.

Sócrates
Ora, o bom corredor não pratica *voluntariamente* isso que é mau e vergonhoso, enquanto o mau, *involuntariamente*?

Hípias:
É de se esperar.

Sócrates
Na corrida, então, o que pratica o mal *involuntaria-*

mente é mais sofrível do que aquele que o faz *voluntariamente*?

Hípias
Na corrida, sim.

Sócrates
(374) Mas e na luta? Que lutador é melhor – o que *voluntariamente* cai, ou o que *involuntariamente*?

Hípias
O que voluntariamente, como é de se esperar.

Sócrates
E na luta é mais sofrível e mais vergonhoso cair ou derrubar?

Hípias
Cair.

Sócrates
Também na luta, então, o que pratica *voluntariamente* o que é sofrível e vergonhoso é um lutador superior àquele que o faz *involuntariamente*?

Hípias
É de se esperar.

Sócrates
Mas e em todas as outras serventias do corpo? Não é o *superior no corpo* que é capaz de praticar as duas coisas – tanto as vigorosas quanto as sem força, tanto as vergonhosas quanto as belas? De sorte que, quando pratica, em relação ao corpo, o que é sofrível, o superior no corpo o pratica *voluntariamente*, e o mais sofrível, *involuntariamente*...

Hípias
É de se esperar que, em relação à força, também seja assim...

Sócrates
Mas e em relação à boa postura, Hípias? Não é próprio do corpo superior postar-se *voluntariamente* nas posturas vergonhosas e sofríveis, e do mais sofrível, *involuntariamente*? Como lhe parece?

Hípias
Assim!

Sócrates
Também a má postura, então, se voluntária, provém de uma excelência, e se involuntária, de um sofrimento do corpo...

Hípias
Parece que sim.

Sócrates
Mas e sobre a voz, o que você diz? Você afirma ser superior a que *voluntariamente* desafina, ou a que *involuntariamente*?

Hípias
Voluntariamente.

Sócrates
E que é mais débil a que desafina involuntariamente?

Hípias
Sim.

Sócrates
E você escolheria possuir as coisas boas ou as más?

Hípias
As boas.

Sócrates
Você escolheria então possuir pés que coxeassem *voluntária* ou *involuntariamente*?

Hípias
Voluntariamente.

Sócrates
E o coxear não é um sofrimento dos pés e uma má postura?

Hípias
Sim.

Sócrates
Mas e a miopia, não é um sofrimento dos olhos?

Hípias
Sim.

Sócrates
Mas você gostaria de possuir quais olhos e com quais viver – com os que *voluntariamente* se seria míope e se olharia torto, ou com os que *involuntariamente*?

Hípias
Com os que voluntariamente.

Sócrates
Você considera superior então, no que lhe diz respeito, a prática *voluntária* do que é sofrível, ou a *involuntária*?

Hípias

A daquele tipo.

Sócrates

Ora, um só discurso a tudo abarca – ouvidos, nariz, boca e todos os sentidos: não se quer possuir os que praticam o mal *involuntariamente* (por serem sofríveis), mas se quer possuir os que praticam o mal *voluntariamente* (por serem bons).

Hípias

Me parece que sim.

Sócrates

Mas e os instrumentos: com quais a interação é superior – com os que *voluntariamente* se pratica o mal, ou com os que *involuntariamente*? Por exemplo, o leme: é superior aquele com o qual se navega mal *involuntariamente*, ou com o qual *voluntariamente*?

Hípias

Com o qual voluntariamente.

Sócrates

Não é assim também com o arco, com a lira, com as flautas e com os outros instrumentos *todos*?

Hípias

Você está dizendo a verdade.

Sócrates

(375) Mas e a alma de um cavalo,[14] é melhor possuir

14. Alma (*psukhé*, em grego) vai empregada aí com o sentido de "espírito", "temperamento".

aquela com a qual *voluntariamente* se cavalga mal, ou com a qual *involuntariamente*?

Hípias
Com a qual voluntariamente.

Sócrates
Ela é melhor então...

Hípias
Sim.

Sócrates
Com a alma de um cavalo melhor se poderia então *voluntariamente* executar as ações mais sofríveis dessa alma, e com a de um mais sofrível, *involuntariamente*?

Hípias
Com certeza.

Sócrates
Ora, não é também o caso do cachorro e dos outros animais todos?

Hípias
Sim.

Sócrates
Mas e a alma de um homem que é arqueiro – é melhor possuir aquela que *voluntariamente* erra o alvo, ou a que *involuntariamente*?

Hípias
A que voluntariamente.

Sócrates
Ora, essa não é melhor no tiro ao alvo?

Hípias
Sim.

Sócrates
Também a alma então que erra *involuntariamente* é mais sofrível do que aquela que o faz *voluntariamente*?

Hípias
No tiro ao alvo, sim.

Sócrates
Mas e na medicina, a que *voluntariamente* pratica o mal para o corpo não é mais medicinal?

Hípias
Sim.

Sócrates
Essa é melhor então nessa arte do que a outra, que não...

Hípias
Melhor...

Sócrates
Mas e a alma mais hábil na citarística e na aulética e em tudo mais que diz respeito às artes e às áreas do conhecimento – não é melhor a que voluntariamente pratica o mal e o vergonhoso e comete faltas, e mais sofrível a que *involuntariamente*?

Hípias
Parece que sim.

Sócrates
E escolheríamos, eu presumo, possuir almas de escravos que antes *voluntariamente* cometessem faltas e praticassem o mal do que *involuntariamente*, por serem melhores para tal função...

Hípias
Sim.

Sócrates
Mas e a nossa própria alma – não gostaríamos de possuir a mais superior possível?

Hípias
Sim.

Sócrates
Ora, se *voluntariamente* praticar o mal e cometer faltas, ela não será superior à que o fizer *involuntariamente*?

Hípias
Mas seria terrível, Sócrates, se os que voluntariamente agem errado viessem a ser superiores àqueles que o fazem involuntariamente!

Sócrates
Entretanto é o que parece pelo que foi dito...

Hípias
Ora, não a mim!

SÓCRATES
Eu achava, Hípias, que parecia também a você... Mas me responda novamente: a justiça não é uma capacidade ou um conhecimento – ou ambas as coisas? Não é forçoso que a justiça seja pelo menos *uma* dessas coisas?

HÍPIAS
Sim.

SÓCRATES
Ora, se a justiça é uma capacidade da alma, quanto mais capaz a alma, mais justa ela não é? Pois foi a desse tipo, eu presumo, que para nós se mostrou superior, ótimo homem...

HÍPIAS
Mostrou-se, realmente.

SÓCRATES
Mas e se a justiça é um conhecimento? Quanto mais sábia a alma, mais justa ela não é? E quanto mais ignorante, mais injusta?

HÍPIAS
Sim.

SÓCRATES
Mas e se a justiça é ambas as coisas? Não é a alma que possui ambas – conhecimento e capacidade – mais justa, e mais injusta a mais ignorante? Não é forçoso que seja assim?

Hípias
Parece que sim.

Sócrates
Ora, a mais capaz e mais sábia, essa não se mostrou melhor e mais capacitada para fazer ambas as coisas, **(376)** tanto o que é belo quanto o que é vergonhoso, em qualquer prática?

Hípias
Sim.

Sócrates
Quando pratica então o que é vergonhoso, pratica *voluntariamente*, por sua capacidade e arte – e essas coisas se mostram como próprias da justiça, ambas as duas, ou uma delas apenas.

Hípias
É de se esperar.

Sócrates
E agir errado é fazer o mal, enquanto *não* agir errado é fazer o bem...

Hípias
Sim.

Sócrates
Ora, a alma mais capaz e melhor, quando age errado, não age errado *voluntariamente*, e a mais sofrível, *involuntariamente*?

Hípias
Parece que sim.

Sócrates
Ora, o homem bom não é o que tem alma boa, e o mau, má?

Hípias
Sim.

Sócrates
É próprio então do homem bom agir errado *voluntariamente*, e do mau, *involuntariamente*, se é o bom que tem alma boa...

Hípias
Mas é, realmente...

Sócrates
Aquele então que *voluntariamente* comete faltas e faz o que é vergonhoso e errado, Hípias, se esse alguém existe, não pode ser outro senão... o *bom*!

Hípias
Nisso não tenho como concordar com você, Sócrates!

Sócrates
Pois nem eu comigo, Hípias! Mas, pelo discurso, é forçoso que assim se mostre agora a nós. Como eu dizia antes, porém, ando à deriva a esse respeito – para cima e para baixo – e nunca me parece a mesma coisa... Que eu ande à deriva, ou outro homem simples, não é nada admirável, mas se *vocês também* vão andar à deriva – os sábios! –, isso sim é *terrível* para nós: nem vindo a vocês cessaremos de ir à deriva...

Sobre o tradutor

André Malta nasceu em São Paulo, em 1970, e desde 2001 é professor de língua e literatura grega na Faculdade de Filosofia, Letras e Ciências Humanas da USP. É autor de *A selvagem perdição: erro e ruína na Ilíada* (Odysseus, 2006), um estudo sobre a idéia de pecado no épico de Homero.

Coleção **L&PM** POCKET (LANÇAMENTOS MAIS RECENTES)

398.**O anatomista** – Federico Andahazi
399.**As viagens de Gulliver** – Jonathan Swift
400.**Dom Quixote – v.1** – Miguel de Cervantes
401.**Dom Quixote – v.2** – Miguel de Cervantes
402.**Sozinho no Pólo Norte** – Thomaz Brandolin
403.**Matadouro Cinco** – Kurt Vonnegut
404.**Delta de Vênus** – Anaïs Nin
405.**O melhor de Hagar 2** – Dik Browne
406.**É grave Doutor?** – Nani
407.**Orai pornô** – Nani
408(11).**Maigret em Nova York** – Simenon
409(12).**O assassino sem rosto** – Simenon
410(13).**O mistério das jóias roubadas** – Simenon
411.**A irmãzinha** – Raymond Chandler
412.**Três contos** – Gustave Flaubert
413.**De ratos e homens** – John Steinbeck
414.**Lazarilho de Tormes** – Anônimo do séc. XVI
415.**Triângulo das águas** – Caio Fernando Abreu
416.**100 receitas de carnes** – Sílvio Lancellotti
417.**Histórias de robôs: vol.1** – org. Isaac Asimov
418.**Histórias de robôs: vol.2** – org. Isaac Asimov
419.**Histórias de robôs: vol.3** – org. Isaac Asimov
420.**O país dos centauros** – Tabajara Ruas
421.**A república de Anita** – Tabajara Ruas
422.**A carga dos lanceiros** – Tabajara Ruas
423.**Um amigo de Kafka** – Isaac Singer
424.**As alegres matronas de Windsor** – Shakespeare
425.**Amor e exílio** – Isaac Bashevis Singer
426.**Use & abuse do seu signo** – Marília Fiorillo e Marylou Simonsen
427.**Pigmaleão** – Bernard Shaw
428.**As fenícias** – Eurípides
429.**Everest** – Thomaz Brandolin
430.**A arte de furtar** – Anônimo do séc. XVI
431.**Billy Bud** – Herman Melville
432.**A rosa separada** – Pablo Neruda
433.**Elegia** – Pablo Neruda
434.**A garota de Cassidy** – David Goodis
435.**Como fazer a guerra: máximas de Napoleão** – Balzac
436.**Poemas de Emily Dickinson**
437.**Gracias por el fuego** – Mario Benedetti
438.**O sofá** – Crébillon Fils
439.**O "Martín Fierro"** – Jorge Luis Borges
440.**Trabalhos de amor perdidos** – W. Shakespeare
441.**O melhor de Hagar 3** – Dik Browne
442.**Os Maias (volume1)** – Eça de Queiroz
443.**Os Maias (volume2)** – Eça de Queiroz
444.**Anti-Justine** – Restif de La Bretonne
445.**Juventude** – Joseph Conrad
446.**Contos** – Eça de Queiroz
447.**Janela para a morte** – Raymond Chandler
448.**Um amor de Swann** – Marcel Proust
449.**À paz perpétua** – Immanuel Kant
450.**A conquista do México** – Hernan Cortez
451.**Defeitos escolhidos e 2000** – Pablo Neruda
452.**O casamento do céu e do inferno** – William Blake
453.**A primeira viagem ao redor do mundo** – Antonio Pigafetta
454(14).**Uma sombra na janela** – Simenon
455(15).**A noite da encruzilhada** – Simenon
456(16).**A velha senhora** – Simenon
457.**Sartre** – Annie Cohen-Solal
458.**Discurso do método** – René Descartes
459.**Garfield em grande forma** – Jim Davis
460.**Garfield está de dieta** – Jim Davis
461.**O livro das feras** – Patricia Highsmith
462.**Viajante solitário** – Jack Kerouac
463.**Auto da barca do inferno** – Gil Vicente
464.**O livro vermelho dos pensamentos de Millôr** – Millôr Fernandes
465.**O livro dos abraços** – Eduardo Galeano
466.**Voltaremos!** – José Antonio Pinheiro Machado
467.**Rango** – Edgar Vasques
468.**Dieta mediterrânea** – Dr. Fernando Lucchese e José Antonio Pinheiro Machado
469.**Radicci 5** – Iotti
470.**Pequenos pássaros** – Anaïs Nin
471.**Guia prático do Português correto – vol.3** – Cláudio Moreno
472.**Atire no pianista** – David Goodis
473.**Antologia Poética** – García Lorca
474.**Alexandre e César** – Plutarco
475.**Uma espiã na casa do amor** – Anaïs Nin
476.**A gorda do Tiki Bar** – Dalton Trevisan
477.**Garfield um gato de peso** – Jim Davis
478.**Canibais** – David Coimbra
479.**A arte de escrever** – Arthur Schopenhauer
480.**Pinóquio** – Carlo Collodi
481.**Misto-quente** – Charles Bukowski
482.**A lua na sarjeta** – David Goodis
483.**Recruta Zero** – Mort Walker
484.**Aline 2: TPM – tensão pré-monstrual** – Adão Iturrusgarai
485.**Sermões do Padre Antonio Vieira**
486.**Garfield numa boa** – Jim Davis
487.**Mensagem** – Fernando Pessoa
488.**Vendeta** *seguido de* **A paz conjugal** – Balzac
489.**Poemas de Alberto Caeiro** – Fernando Pessoa
490.**Ferragus** – Honoré de Balzac
491.**A duquesa de Langeais** – Honoré de Balzac
492.**A menina dos olhos de ouro** – Honoré de Balzac
493.**O lírio do vale** – Honoré de Balzac
494(17).**A barcaça da morte** – Simenon
495(18).**As testemunhas rebeldes** – Simenon
496(19).**Um engano de Maigret** – Simenon
497.**A noite das bruxas** – Agatha Christie
498.**Um passe de mágica** – Agatha Christie
499.**Nêmesis** – Agatha Christie
500.**Esboço para uma teoria das emoções** – Jean-Paul Sartre
501.**Renda básica de cidadania** – Eduardo Suplicy
502(1).**Pílulas para viver melhor** – Dr. Lucchese
503(2).**Pílulas para prolongar a juventude** – Dr. Lucchese
504(3).**Desembarcando o Diabetes** – Dr. Lucchese
505(4).**Desembarcando o Sedentarismo** – Dr. Fernando Lucchese e Cláudio Castro

506(5).**Desembarcando a Hipertensão** – Dr. Lucchese
507(6).**Desembarcando o Colesterol** – Dr. Fernando Lucchese e Fernanda Lucchese
508.**Estudos de mulher** – Balzac
509.**O terceiro tira** – Flann O'Brien
510.**100 receitas de aves e ovos** – José Antonio Pinheiro Machado
511.**Garfield em toneladas de diversão** – Jim Davis
512.**Trem-bala** – Martha Medeiros
513.**Os cães ladram** – Truman Capote
514.**O Kama Sutra de Vatsyayana**
515.**O crime do Padre Amaro** – Eça de Queiroz
516.**Odes de Ricardo Reis** – Fernando Pessoa
517.**O inverno da nossa desesperança** – John Steinbeck
518.**Piratas do Tietê** – Laerte
519.**Rê Bordosa: do começo ao fim** – Angeli
520.**O Harlem é escuro** – Chester Himes
521.**Café-da-manhã dos campeões** – Kurt Vonnegut
522.**Eugénie Grandet** – Balzac
523.**O último magnata** – F. Scott Fitzgerald
524.**Carol** – Patricia Highsmith
525.**100 receitas de patisseria** – Sílvio Lancellotti
526.**O fator humano** – Graham Greene
527.**Tristessa** – Jack Kerouac
528.**O diamante do tamanho do Ritz** – S. Fitzgerald
529.**As melhores histórias de Sherlock Holmes** – Arthur Conan Doyle
530.**Cartas a um jovem poeta** – Rilke
531(20).**Memórias de Maigret** – Simenon
532.**O misterioso sr. Quin** – Agatha Christie
533.**Os analectos** – Confúcio
534(21).**Maigret e os homens de bem** – Simenon
535(22).**O medo de Maigret** – Simenon
536.**Ascensão e queda de César Birotteau** – Balzac
537.**Sexta-feira negra** – David Goodis
538.**Ora bolas – O humor cotidiano de Mario Quintana** – Juarez Fonseca
539.**Longe daqui aqui mesmo** – Antonio Bivar
540(5).**É fácil matar** – Agatha Christie
541.**O pai Goriot** – Balzac
542.**Brasil, um país do futuro** – Stefan Zweig
543.**O processo** – Kafka
544. **O melhor de Hagar 4** – Dik Browne
545(6).**Por que não pediram a Evans?** – Agatha Christie
546.**Fanny Hill** – John Cleland
547.**O gato por dentro** – William S. Burroughs
548.**Sobre a brevidade da vida** – Sêneca
549.**Geraldão 1** – Glauco
550.**Piratas do Tietê 2** – Laerte
551.**Pagando o pato** – Ciça
552.**Garfield de bom humor** – Jim Davis
553.**Conhece o Mário?** – Santiago
554.**Radicci 6** – Iotti
555.**Os subterrâneos** – Jack Kerouac
556(1).**Balzac** – François Taillandier
557(2).**Modigliani** – Christian Parisot
558(3).**Kafka** – Gérard-Georges Lemaire
559(4).**Júlio César** – Joël Schmidt
560.**Receitas da família** – J. A. Pinheiro Machado
561.**Boas maneiras à mesa** – Celia Ribeiro
562(9).**Filhos sadios, pais felizes** – R. Pagnoncelli
563(10).**Fatos & mitos** – Dr. Fernando Lucchese
564.**Ménage à trois** – Paula Taitelbaum
565.**Mulheres!** – David Coimbra
566.**Poemas de Álvaro de Campos** – Fernando Pessoa
567.**Medo e outras histórias** – Stefan Zweig
568.**Snoopy e sua turma (1)** – Schulz
569.**Piadas para sempre (livro 1)** – Visconde da Casa Verde
570.**O alvo móvel** – Ross MacDonald
571.**O melhor do Recruta Zero (2)** – Mort Walker
572.**Um sonho americano** – Norman Mailer
573.**Os broncos também amam** – Angeli
574.**Crônica de um amor louco** – Bukowski
575(5).**Freud** – René Major e Chantal Talagrand
576(6).**Picasso** – Gilles Plazy
577(7).**Gandhi** – Christine Jordis
578.**A tumba** – H. P. Lovecraft
579.**O príncipe e o mendigo** – Mark Twain
580.**Garfield, um charme de gato** – Jim Davis
581.**Ilusões perdidas** – Balzac
582.**Esplendores e misérias das cortesãs** – Balzac
583.**Walter Ego** – Angeli
584.**Striptiras (1)** – Laerte
585.**Fagundes: um puxa-saco de mão cheia** – Laerte
586.**Depois do último trem** – Josué Guimarães
587.**Ricardo III** – Shakespeare
588.**Dona Anja** – Josué Guimarães
589.**24 horas na vida de uma mulher** – Stefan Zweig
590.**O terceiro homem** – Graham Greene
591.**Mulher no escuro** – Dashiell Hammett
592.**No que acredito** – Bertrand Russell
593.**Odisséia** (1): Telemaquia – Homero
594.**O cavalo cego** – Josué Guimarães
595.**Henrique V** – Shakespeare
596.**Fabulário geral do delírio cotidiano** – Bukowski
597.**Tiros na noite 1: A mulher do bandido** – Dashiell Hammett
598.**Snoopy em Feliz Dia dos Namorados (2)** – Schulz
599.**Mas não se matam cavalos?** – Horace McCoy
600.**Crime e castigo** – Dostoiévski
601.**Mistério no Caribe** – Agatha Christie
602.**Odisséia (2): Regresso** – Homero
603.**Piadas para sempre (2)** – Visconde da Casa Verde
604.**À sombra do vulcão** – Malcolm Lowry
605(8).**Kerouac** – Yves Buin
606.**E agora são cinzas** – Angeli
607.**As mil e uma noites** – Paulo Caruso
608.**Um assassino entre nós** – Ruth Rendell
609.**Crack-up** – F. Scott Fitzgerald
610.**Do amor** – Stendhal
611.**Cartas do Yage** – William Burroughs e Allen Ginsberg
612.**Striptiras 2** – Laerte
613.**Henry&June** – Anaïs Nin
614.**A piscina mortal** – Ross Macdonald
615.**Geraldão 2** – Glauco
616.**Tempo de delicadeza** – A. R. de Sant'Anna
617.**Tiros na noite 2: Medo de tiro** – Dashiell Hammett
618.**Snoopy em Assim é a vida, Charlie Brown! (3)** – Schulz

IMPRESSÃO:

GRÁFICA EDITORA
Pallotti
IMAGEM DE QUALIDADE

Santa Maria - RS - Fone/Fax: (55) 3220.4500
wwww.pallotti.com.br